＃ 混沌

技术、复杂性
和互联网的未来

EVERYDAY
CHAOS

David Weinberger

［美］戴维·温伯格　著
刘丽艳　译
张腾骥　审校

Technology, Complexity, *and*
How We're Thriving *in a* New World *of* Possibility

中信出版集团｜北京

图书在版编目（CIP）数据

混沌：技术、复杂性和互联网的未来 /（美）戴维·温伯格著；刘丽艳译 . -- 北京：中信出版社，2022.1

书名原文：Everyday Chaos：Technology, Complexity, and How We're Thriving in a New World of Possibility

ISBN 978-7-5217-3332-7

Ⅰ.①混… Ⅱ.①戴… ②刘… Ⅲ.①互联网络-影响-经济发展-研究-世界 Ⅳ.①F11

中国版本图书馆 CIP 数据核字（2021）第 157633 号

EVERYDAY CHAOS
Original work copyright © 2019 David Weinberger
Published by arrangement with Harvard Business Review Press
Simplified Chinese edition copyright © 2022 CITIC Press Corporation
ALL RIGHTS RESERVED
本书仅限中国大陆地区销售发行

混沌——技术、复杂性和互联网的未来
著者：　　[美] 戴维·温伯格
译者：　　刘丽艳
审校：　　张腾骧
出版发行：中信出版集团股份有限公司
　　　　　（北京市朝阳区惠新东街甲 4 号富盛大厦 2 座　邮编　100029）
承印者：　北京盛通印刷股份有限公司

开本：787mm×1092mm 1/16　　印张：20.5　　字数：200 千字
版次：2022 年 1 月第 1 版　　　　印次：2022 年 1 月第 1 次印刷
京权图字：01-2020-1194　　　　　书号：ISBN 978-7-5217-3332-7
定价：79.00 元

版权所有·侵权必究
如有印刷、装订问题，本公司负责调换。
服务热线：400-600-8099
投稿邮箱：author@citicpub.com

# 目录

CONTENTS

| | | |
|---|---|---|
| 推荐序一 | 相信人，还是相信机器？ | V |
| 推荐序二 | 思想的魅力 | XXI |
| 前言 | 万物皆一体 | XXVII |

第一章　预测的演变　01

牛顿物理学为我们呈现了一个可以被充分预测的宇宙，它受规律的制约。而世界深不可测的复杂性使机器能够打破旧的预测界限，我们的新技术进一步启发了我们，让我们不再需要了解世界的运作机制就能做出预测。预测机制发生了根本性变化，我们对世界运转方式的认识也发生了根本性的变化。

第二章　令人费解的模型　31

工作模型建立在概念模型的确定性基础上，但人工智能的世界，其运转逻辑逐渐丢弃了概念模型的支撑必要性，直截了当地通过工作模型的有效性来实现目标。本章强调"优化胜过解释"的价值，并把思考的焦点，从可解释性转向价值判断：我们想从算法优化中的得到什么？放弃什么？

第三章　　超越准备：不可预测　　　　　　　81

互联网和技术不仅重新塑造了我们的思维，也向我们展示了不做预测的优点和价值。要想在一个规模庞大、联系紧密的世界里蓬勃发展，有时候我们至少需要放弃对未来的预测和准备，不限定某件事物的预期用途，事物之间的相互作用就会比我们想象的更自由、可能性更多、更复杂。

第四章　　超越因果关系：互操作性　　　　　119

因果律不是决定事件发展的唯一原理。互操作性直接影响了我们的世界观：当资源和服务可以在不同系统间互操作时，意想不到的价值就有可能产生。互操作性通过跨系统工作、可调规则、距离的弱作用、因果不成比例、万物相互影响的关键方式，改变了我们对事件发生机制的看法。

第五章　　战略与可能性　　　　　　　　　149

我们如何制定战略揭示了我们如何思考可能性，传统的战略思维是筛选、减少未来的可能性，这是一种决策的暴政。在一个以互操作性为特征的宇宙中，可能性变成了可行性，互操作性创造了真正的可能性。

第六章　　进步与创造力　　　　　　　　　181

传统的"进步"假设一件事导致另一件事的发生，进步是线性的。互操作性世界中的进步，虽有标记点，但是没有线条，虽有进步，但是没有故事。我们现在衡量技术的标准，不是看它接近完美的程度，而是看它的生成性、它带来的意料之外的变化和它对预期的颠覆。

第七章　　创造　更多　意义　　　　215

我们正处于一个新悖论的起点：我们可以比以往任何时候都对未来更具掌控力，但我们驾驭世界的技术和认知手段，恰恰证明了这个世界已经超出我们自欺欺人的理解。这种悖论与历史最初那种让我们仰望星空，让我们不断发展智慧与文明的敬畏感在本质上是相同的。

注释　　　　　　　　　　　　　　　　251

## 推荐序一

FOREWORD

## 相信人，还是相信机器？

**胡泳**
北京大学新闻与传播学院教授

从网络的早期开始，戴维·温伯格就一直是一位先锋思想领袖，探讨关于互联网对我们的生活、对我们的企业以及最重要的对我们的想法的影响。

几十年来，他一直是一个互联网价值的预言家，但在《混沌》一书中，他承认预测并不见得有用：有关网络的声音并没有以言说者期待的方式改变世界。商业和技术总是比预言家更快。

一方面，世界的不可预测性增加了。人工智能、大数据、现代科学和互联网都在揭示一个基本的事实：世界比人类所看到的要复杂得多，也不可预测得多。我们不得不开始接受这样一个事实，即这个世界真正的复杂性远远超出我们用以解释它的定律和模型。正是"深不可测的复杂性"令我们开始启用人造机器来打破预测的旧界限，而这一转向表明，了解我们的世界如何运作，并不是为未来做准备的必要条件。

另一方面，温伯格提出一个更加惊人的看法：人类的预测是不是可欲的？过去，当我们面对未来时，我们往往依赖于预测。"预测方式的故事也是我们对世界运行方式的理解的故事。"可是，既然预测是不可行的，那么，让我们换一种认知策略会怎样？这种想法并不像表面上看起来那么简单，因为它不只是策略变换，而是有可能颠覆我们作为人类对自己的一个核心假设：人是一种能够理解世界运行机制的特殊生物。若该假设不再成立，宇宙就从可知的变为不可知的。而想要改变如此根深蒂固的人类自我认知，无疑会带来很深的痛苦。

在此基础上，温伯格把问题挖得更深："至少从古希伯来人开始，我们就认为自己是上帝创造的独一无二的生物，有能力接受他给我们的对真理的启示。自古希腊时代起，我们就把自己定义为能够看到世界的混乱表象之下的逻辑和秩序的理性动物。"我们把自己放在一个基座上，并加以膜拜。

如果我们发现，我们不仅不知道我们不知道的东西，也不理解我们认为我们知道的东西，那会如何呢？如果我们需要放弃对这个世界的理解，对不可解释的事情也需要从不接受到接受，那又会如何呢？如此富有挑战性的问题，吸引你把这本书读下去。

## 不预测未来，而是创造可能性

每隔一段时间，我们整齐有序的世界就会受到一些科学家或哲学家的冲击。他们说，事情不是大家想得那样。你为什么想，你如何想，都错了。世界以不同的方式运行，有不同的理由、不同的关系和不同的结果。牛顿、爱因斯坦、哥白尼、达尔文甚至弗洛伊德都扮演过这类角色，他们永远改变了思想和行动的进程。而现在，温伯格似乎期待着人工智能（AI）来承担该角色。

温伯格分析了人为什么喜欢做预测。人喜欢提前了解所有的可能性，并为它们做准备，尽管常常会出现准备过度、准备不足和准备失误。假如上述这三种情况发生了，社会就不得不承担巨大的成本。与人相比，机器没有这些盲目性。它们在非预期的情况下运行，听从数据的指示。机器学习能在对数据背后的意义一无所知的情况下，发现数据之间的关系。它们发现并证明一切都在同时发生，而不是按顺序发生。

温伯格的第一个也是最好的例子是一个名为"深度患者"

（Deep Patient）的医疗学习怪物。纽约某医学院的研究人员向它输入整整70万份病历，并让它不受限制地找出它能做的事情。结果，它做出的诊断和预测远远超出人类医生的能力。虽然该"黑盒"诊断系统无法解释它给出的预测，但在某些情况下，它的确比人类医生更准确。

这就是深度学习，会带来人类从未考虑过或者甚至无法想象的发现。温伯格说，"深度患者"的教训是，深度学习系统不必将世界简化为人类能够理解的东西。

这违背了我们迄今为止所建立的一切。机器学习对天气、医疗诊断和产品性能的预测比我们做得更好，但往往以牺牲我们对其如何得出这些预测的理解为代价。

温伯格强调，虽然这可能带来危险，但也是一种解放，因为它使我们能够驾驭我们周围大量数据的复杂性，从混乱和琐碎的数据中获益。温伯格将此形容为"从混沌理论转向混沌实践——将这一理论那令人兴奋的想法应用于日常生活"。这就是本书英文书名 Everyday Chaos 的由来，它讨论的并非理论意义上的混沌，而是每日每时的混沌。

温伯格指出，这种转向并非始于人工智能，而是从有互联网以来就开始了。各行各业都采取了那些完全避免预测未来的做法，比如柔性生产、敏捷开发、A/B测试、最小化可行产品、开放平台和用户可修改的视频游戏等。他甚至极而言之地说，我们在过去 20 年里做的那些发明与革新，都是为了避免去预测未来会发生什么。

我们对这种新的认知模型已经如此适应，以至现在我们对上述与传统认知模型相悖的新事物已经习以为常了。我们在互联网上公认的工作方式，事实上推翻了关于未来如何运作的旧假设：互联网并不试图预测未来并为其做准备，而是通过创造更多深不可测的可能性来造就我们的繁荣。网络也降低了在没有定律、假设、模型，甚至对什么会成功的直觉的情况下运作的成本。

## 战略不是一个漫长的计划，也不通往可知的未来

预期和准备，是我们处理日常事务的核心，也是企业做战略规划的核心。长期以来，人类一直认为，如果能够理解事件发生的永恒定律，我们就能够完美地预测、规划和管理未来。但认知模型发生转换后，我们的最佳战略往往需要忍住不去预测，因为预测总是着眼于通过减少可能性来集中资源。

很多人把战略理解为"长期规划"，只有存在一个有序的、可预测的未来，这样的规划才有意义。在不同程度上，以不同的方式，战略规划要求公司能够将各种可能性缩小到自己可以

追求的范围。正因如此，温伯格才说："战略规划通常被视为一种限制性操作。它识别可能性，并选择企业想要实现的可能性。"

这种线性思维激发了一种异乎寻常的战略制定方法——场景规划。在场景规划的过程中，战略制定者发明并深入考虑有关企业的若干同样合理的未来故事。虽然这无疑有助于打开思路，探索未来如何影响现在，但它受限于一种错误的世界观。从根本上说，不管设计出几个场景，面对世界的复杂性，它们都还是过于简单化。线性思维当然也可以努力增加自身的复杂程度，但无论线性思维趋向多么复杂，世界都不会有如其所愿的规则结构。我们需要的是非线性思维。

在《瞬时竞争力》一书中，丽塔·麦克格兰斯教授驳斥了迈克尔·波特关于企业可以拥有"可持续竞争优势"的看法。相反，她提倡一种"持续重构的战略"。这种对战略的理解要求公司必须对环境中的任何变化保持警惕。它们也必须拥有特定的组织结构和文化，使其能够通过脱离当前的轨迹来做出反应，从而创造一个新的轨迹。与波特式的战略观相比，这是一个180度的翻转，那种认为战略是一个漫长的计划、通往一个基本可知的未来的观点彻底过时了。

场景规划寻找的是大规模的变化，而麦克格兰斯的方法是意识到可见的变化。这是对商业生活中各方面微妙关系的更恰当的反应，其中不乏一些变化，可能对企业业务产生终结性的影响，或者令企业在竞争激烈的赛道上跛行。

在这样一个混乱和不可预测的时代，战略应该比以往更加重要。它确实重要，但前提是，我们必须深刻地调整我们对战略的思考方式。混沌状态下的战略应转变思路，不是缩小可能性，而是尽可能创造更多的可能性。这也是互联网给我们带来的教训：唯有随机应变，方能创造可能性。这样的战略路径也意味着，我们不再需要为准备过度、准备不足或准备失误导致的资源浪费或机会错失而付出沉重的代价。

## 以预测准确性为目标，放弃可解释性

商业实践中的这些变化预示着，我们对世界如何运作和未来如何发生的想法，有了更多的试验机会。

机器学习正在让我们面对我们一直凭本能去感觉的事情：这个世界远远超出我们理解它的能力，更不用说控制它的能力。如这本书前言所说："万物皆一体。"一切都会影响其他一切，一直如此，永远如此。这种混乱是我们生活、商业和世界的真相。

面对这一事实，温伯格扮演了 AI 代言人的角色。他批评说，我们坚持让机器向我们解释自己，显示了我们的不安全和无知。我们坚持要知道它们是如何得出结果的，对机器的要求比对人类的要求更高。

为了让机器更好地发挥潜力，温伯格建议我们接受超出我们理解能力的系统。这些系统只需要以预测准确性为目标，而无须保证可解释性。在许多情况下，如果这些系统的历史表现良好，我们就可以接受它们的建议，就像我们会接受医生基于一个我们不能理解的有效性研究而给出的建议一样。

他诗意地描述说，这些新工具"创造了一个因特殊性而蓬勃发展的充满联系和创造性的世界。它们开启了一个世界，在这个世界里，每个微粒都相互依存，而粗暴的解释只会侮辱这种复杂的关系"。

在这样歌颂了机器之后，温伯格也认识到，如果不加以控制，系统很可能以最残酷的方式对待最弱势的群体。但他笔锋一转："我们之所以制造这些工具，总的来说，是因为在大多数时候，它们都是有效的。"由此看来，衡量系统的标准是有效而不是伦理："机器学习系统极度非道德化。它们只是机器，而不是代表正义的机器。"

温伯格承认，人工智能系统需要底线价值观，但又指出，正是在这里，我们遇到一个棘手的问题："将价值判断程序化意味着，计算机要达到我们所要求的具体和精确程度。然而，关于价值观的讨论往往是混乱、不精确和争论不休的。"所以人类应该怎么办呢？停止试图将人的价值灌输给机器？

读到这里，我觉得温伯格此书，在暗自敦促人类向机器投降。尽管他的说辞是，机器可以通过创造更多未来的可能性，从而让人类更蓬勃地发展下去。但是，如果说他之前关于混沌的日常应用及企业应用等尚能引起我的共鸣，到了机器与人的关系这一部分，我就不由得不产生怀疑了。他的两个前提都不能让我信服。

其一，不管怎样，机器都会越来越多地接手人类事务。"这个未来不会安定下来，不会自行解决问题，也不会屈服于简单的规则和期望。感到不知所措、困惑、惊讶和不确定是我们面对世界的新常态。"就是说，反正你注定搞不清楚人的未来境况，所以不如就把自己交给机器好了。

其二，机器本身可能教会我们新的伦理。虽然人工智能需要学习更多的伦理知识，但伦理学科是不是也可以从人工智能中学习一些东西呢？"当你试图开发一个影响人的机器学习应用时，你很快就会知道，公平比我们通常认为的要复杂得多，而且公平几乎总是要求我们做出艰难的权衡。"

所以，机器不仅是我们的管家，也可能是我们的导师。最后，温伯格把这一切上升到敬畏的高度：我们比以往任何时候都对未来更具掌控力，但我们驾驭世界的技术和认知手段，恰恰证明了，这个世界已经超出我们自欺欺人的理解。他将此称作"一个新悖论的起点"，并说人类应该感到敬畏，一如以往敬畏星空。

敬畏什么呢？敬畏算法的有效性，因为它们比任何人类都能更好地掌握"宇宙的相互关联性、流动性和纯粹的美"？

## 理解，还是不理解，这是一个问题

温伯格对网络化知识的认识曾给我们打开新疆界（见《知识的边界》），而现在，他对人工智能时代的知识的见解，可以归纳如下：

\* 人类努力获得对复杂系统的理解。然而，我们基于"人类的理解"所做的预测并不像人工智能那样准确，虽然人工智能并不真正理解任何东西。

\* 不过，鉴于人工智能的预测比基于人类理解的预测更准确，我们应该放弃对理解的追求，而专注于建立能够为我们做决定的人工智能。

\* 将主导权交给预测性人工智能，我们将迎来人类进化的下一个阶段。

推荐序一 相信人，还是相信机器？

毋庸置疑，人工智能的未来关键在于，我们到底是应该放弃理解，还是致力于建立可以理解的人工智能？

这提出了匪夷所思的问题。随着技术的发展，我们可能很快跨越一些门槛，而越过这些门槛，使用人工智能就需要信仰的飞跃。当然，我们人类也并不总是能够真正解释我们的思维过程，但我们找到了直觉上信任和衡量人的方法。对于那些以不同于人类的方式思考和决策的机器来说，这是否也是可能的？

我们以前从未制造过以其创造者不理解的方式运行的机器。我们能指望与这些不可预测和不可捉摸的智能机器，达成多好的沟通和理解？这些问题将把我们带向人工智能算法研究的前沿。

人工智能并不一向如此。从一开始，对于人工智能的可理解性，或可解释性，就存在两派观点。许多人认为，建造根据规则和逻辑进行推理的机器是最有意义的，这样将使它们的内部运行对任何愿意检查某些代码的人来说都是透明的。其他人则认为，如果机器从生物学中获得灵感，并通过观察和体验来学习，那么智能将更容易出现。这意味着要把计算机编程转给机器。与其由程序员编写命令来解决一个问题，不如由程序根据实际数据和所需输出生成自己的算法。后来演变成今天最强大的人工智能系统的机器学习技术，遵循的正是后一种路径：

机器基本上是自己编程的。

任何机器学习技术的工作原理本质上都比手工编码的系统更不透明，即使对计算机科学家来说也是如此。这并不是说，所有未来的人工智能技术都将同样不可知。但就其性质而言，深度学习是一个特别黑暗的黑盒子。

一旦面对黑盒子，人对系统就会产生信任问题。而温伯格恰恰没有深入处理人对人工智能的信任。比如，即便"深度患者"的诊断比人类医生更准确，它也无法解释自己给出的判断，既然如此，医生和患者还会对它表示信任吗？

人类的信任往往基于我们对其他人如何思考的理解，以及对这些思考的可靠性的经验了解。这有助于创造一种心理安全感。而AI对大多数人来说仍然是相当新颖和陌生的。它使用复杂的分析系统进行决策，以识别潜在的隐藏模式和来自大量数据的微弱信号。

即使可以在技术上解释，AI的决策过程对大多数人来说通常也是难以理解的。更何况目前的人工智能发展是在朝着不可理解的方向加速前进的。同自己不明白的事情互动会引起焦虑，并使我们感觉我们失去了控制。

芯片制造商英伟达推出的自动驾驶汽车，看上去与其他自动驾驶汽车没什么不同，但它实际上迥异于谷歌、特斯拉或通用汽车所展示的任何东西，而是显示了人工智能的崛起。英伟

推荐序一 相信人，还是相信机器？　　　　　　　　　　　　　　　　XVII

达的汽车并不遵循工程师或程序员提供的任何一条指令。相反，它完全依靠一种算法，这种算法通过观察人类的行为而学会了自己驾驶。

让一辆车以这种方式行驶是一项令人印象深刻的壮举。但它也有点儿令人不安，因为我们并不完全清楚汽车的决定是如何做出的。来自车辆传感器的信息直接进入一个巨大的人工神经元网络，该网络处理数据，然后提供操作方向盘、刹车和其他系统所需的命令。其结果似乎与你所期望的人类司机的反应一致。

但是，如果有一天它做出一些出乎意料的事情——比如撞上一棵树，或者在绿灯前停止不动呢？按照现在的情况，我们可能很难找出它这样做的原因。该系统如此复杂，甚至设计它的工程师也难以分离出任何单一行为的原因。而且，你也不能向它提问：没有办法来设计一个系统，使它总是能够解释为什么它做那些事。

除非我们找到方法，让深度学习等技术对其创造者更容易理解，对用户更负责任。否则，我们将很难预测何时可能出现失败——而失败是不可避免的。麻省理工学院研究机器学习应用的教授托米·贾科拉说："这是一个已经凸显意义的问题，而且在未来它将变得更有意义。无论是投资决策、医疗决策，还是可能的军事决策，你都不希望仅仅依靠'黑盒子'方法。"

所以，理解，还是不理解，绝非可以轻易得出结论，因为我们投入的赌注太太了。正如人类行为的许多方面也无法详细解释一样，也许人工智能也不可能解释它所做的一切。或许这就是智力性质的一个特点：它只有一部分被暴露在理性解释之下。而另外一些是本能的，或潜意识的，或不可捉摸的。

如果是这样，那么在某个阶段，我们可能不得不简单地相信人工智能的判断（这是温伯格所主张的），或者干脆不使用人工智能。相信或者不使用，这种判断将不得不纳入社会智能。正如社会建立在预期行为的契约之上，我们将需要设计和使用人工智能系统来尊重和适应我们的社会规范。如果我们要创造机器人坦克和其他杀人机器，那么重要的是，它们的决策必须与我们的道德判断相一致。

哲学家丹尼尔·丹尼特对可解释性持很审慎的态度。他说："如果我们要使用这些机器并依赖它们，那么让我们尽可能坚定地掌握它们是如何和为什么给我们答案的。但是，由于可能没有完美的答案，我们应该对人工智能的解释持谨慎态度，就像人类对彼此的解释一样——无论机器看起来多么聪明。而如果它不能比我们更好地解释它在做什么，我们就不要相信它。"

我的看法是，要想达至人工智能诱人的前景，至少需要完成三件事情：第一，打开黑盒子，让AI能够解释自己所做的事情；第二，发现和减轻训练数据及算法中的偏见；第三，为人工智能系统赋予伦理价值。

　　机器学习的兴起是人类历史上最重大的变革之一，越来越多的机器学习模型将成为我们的知识库，就像现在的图书馆和人类的头脑一样。然而，机器学习模型里没有知识，这将意味着我们需要重新思考知识的性质和用途，甚至重新思考作为能够了解自己世界的生物，我们到底是谁。在这些方面，温伯格的思考给我们带来了更多探询的可能性，尽管远不是全部的答案。

## 推荐序二 FOREWORD

## 思想的魅力

**段永朝**
苇草智酷创始合伙人，信息社会50人论坛执行主席

　　最近几年，有一个值得关注的现象：人工智能界在探讨"可解释的 AI"这个重要课题，但社会公众对这件事情似乎并无多少感知。这是个问题。举一个例子，有机构将"大模型"列为 2022 年度值得关注的技术前沿趋势之一。何谓"大模型"？通俗说，就是智能模型中的参数数量达到或超过惊人的数千万、数亿的量级。比如 2020 年 5 月美国一家名为 Open AI 的人工智能公司，推出基于自然语言处理技术的 GPT-3 算法，其中用到多达 1 700 亿个参数，这让机器学习的效果突飞猛进，也让人瞠目结舌。

　　可以毫不夸张地说，假以时日，这些疯狂算法会撰写越来

越多的报告、论文、小说、诗歌，而且水准丝毫不亚于专业的高级文秘、咨询顾问、科研工作者、作家和诗人。

这意味着什么？

这个问题被抛出来，一定会有一大波所谓观察家为受到惊吓的吃瓜群众解释"这意味着什么"的问题——但是，我这里说的并非这个意思。我是说，当这些蛮力算法、疯狂算法在不知疲倦地生产"内容"、"观点"、"意见"，甚至"忠告"、"判断"、"选择"的时候，对那些算法来说这"意味着什么"？

算法自己当然不能回答这个问题。关键是算法工程师自己，其实他们也回答不了这个问题。

那么问题就来了：假如算法自己不能"解释"自己，算法工程师其实也只是"知其然不知其所以然"，那些喋喋不休的观察家、评论家、主播、博主、意见领袖，凭什么觉得自己能解释得了这个问题？

这就是我觉得需要先静下心来，认真读温伯格这本《混沌》的理由。

互联网商业化近30年的历程中，人们已经充分感受到互联网、智能科技对日常生活、经济生产和社会文化的巨大影响。然而，这种影响除了"速度进一步加快"，我们还应该警觉到什么呢？这是这部佳作的内核。

最近5年，智能科技领域中的单一技术已经向聚合的方向发展。人工智能、大数据、云计算、物联网、区块链等等，基本被"元宇宙"这个概念包笼。如果再加上纳米技术、生物技术、神经科学和脑科学、能源技术等等，这个世界的"巨变""剧变""聚变"应该是毫无悬念的。问题的关键并不是它对人的影响有多大，而是人会在这样的"jù变"中发生何种内在的变化。

温伯格的《混沌》，将思考的焦点对准这场前所未有的"jù变"在底层逻辑上带来的认知重塑：确定性的世界，无可挽回地被不可预测甚至不可解释的新世界替代。创造更多的可能性和意义，是人与自己的创造物共生演化的内在动力。

用大众语言重新翻译一下温伯格的观察，就是：我们将面临一个"没有答案"的世界。

对数百年来被工业思维和工业产品滋养、塑造的人们来说，这个世界是确定的、"有答案"的，这不仅是世界有条不紊运转的前提，也是幸福感、安全感的重要支撑。可以想象，假如人们不得不接受一个"没有确定的答案"，或者"不能肯定所知道的这个答案，是不是靠谱"的世界，那么人们内心的失落、沮丧、惶恐、迷茫，甚至抑郁、绝望将会多么深重：就像天塌了一样！

对因果的迷恋和对确定性的追寻，在许多人的头脑中是一件再自然不过的事情了。然而，这并不是一点儿疑问都没有。

美国哲学家杜威，1929年在爱丁堡大学的演讲就以"确定性的寻求"为题，把人们对确定性的偏爱作为一个问题提了出来。10年前，以色列70后历史学家赫拉利，以《人类简史》一书奠定了他全球畅销书作者的地位。在这本被译成45种语言的书中，赫拉利用惊人的口吻写道：农业社会是一个巨大的骗局。

为什么这么说？赫拉利给出的解释是：定居。

一万年前的定居生活，让物种驯化成为耕作农业和畜牧业的基础。漫长的物种"驯化"史，不经意间将"定数崇拜"深深地刻写在人们的肌肉记忆中，刻写在人们创造的神灵、祭祀的观念底座上。

今天的互联网和智能科技，将再次从底层改变这一切。

温伯格20年前和哈佛伯克曼中心的道克·希尔斯，还有另两位作者，共同撰写了著名的《线车宣言》。这部气势非凡的著作，直接模仿1517年被马丁·路德张贴在维滕贝格讲堂门口的《九十五条论纲》，对工业时代的组织模式、市场模式、营销理念发起了猛烈的批判。比如宣言中的第一条，就是这样一句明快的语言："市场就是对话。"20多年后，这句话依然振聋发聩，发人深思。元宇宙、区块链、人工智能、数字经济背景下的市场，不再是商家向消费者"填鸭""喂食"式的倾泻商品，不再是"买买买"；消费者也不再是待"宰"的羔羊，

## 推荐序二 思想的魅力

被动的消费者，不再是"我买故我在"。那么这种"对话"究竟是什么样子的？显然不是那种伪装在"推荐算法"里面的"大数据杀熟"，也不是那种不停地渲染"焦虑"、"创造需求"的消费者精准营销。那是什么呢？在静心思考这个问题之前，我们首先要放下的，是对确定性的迷恋。

温伯格和很多我们熟悉的数字思想家，比如托夫勒、尼葛洛庞蒂、彼得·蒂尔、凯文·凯利等一样，是互联网商业化以来的30年中为数不多的独特"物种"。这些独特的思想家，更像是某种善于夜行的猫头鹰，就像黑格尔在《法哲学原理》中的一句话：每当黄昏降临，密涅瓦的猫头鹰开始起飞。

智慧的猫头鹰们，读他们的书，不能指望从中得到"刀枪剑戟"那样的实用兵器，而是需要花些力气解读，要超越字面含义，并将其置于更大的历史背景中去审视。如果只停留在字面上，这些文本中的某些内容看着就像宏大的宣言了。尤其是第六章和第七章，那种内心的挣扎、向往、无奈和信仰交织在一起，如深海波澜。

温伯格这本书字里行间流露出很多深度的思考，这是当下产业界冲锋陷阵的企业家需要静耳聆听的思想。

当然，这本书对"预测"的观点和立场也不是没有值得商榷之处：作者将可预测性转换到可解释性，进而又放弃可解释性，追求多重可能性和意义，这条思想进路是典型的西方文脉。值得注意的有两点：

一是作者所指的"可解释性"诉求，是他所定义的"建立在概念模型"之上，扎根于牛顿图景的确定性世界的"可解释性"。这一论断无疑是正确的。复杂性科学的历程印证了这一点，但"可解释"的含义也在深化。"可解释"遂与"可理解"两个概念靠得更近了，以至胡泳老师一针见血地提出"相信机器，还是相信人？"这个终极拷问。也就是说，关于"可解释"诉求，并不是简单地"丢弃""淡化"就可以释然的。

二是关于进化（进步）的方向。作者提出的"意义"问题，是一个好问题，也是过去至少 50 年来不同领域的思想者共同聚焦的问题。意义的生产过程、涌现过程如何，其弥漫、撒播过程如何，其塑造人性的过程如何，作者都没有给予太多的深究，反倒诉诸有点儿像基督精神那样的信仰，从"对人的重要性"的角度，最终归结为"新悖论"、敬畏等等，这就留下了太多空白。

自然，阅读即对话。这个飞速变化的世界需要少数头脑从不同凡俗的角度提出自己的观点，来与我们的内心世界对话。精读这本书的价值，一方面在于理解作者的思想脉络，另一方面也需要关照当下异质文化碰撞中产生的文化间性，否则就只能是高声喝彩之后，别无他语了。

前言　　　　　　　　　　　　INTRODUCTION

## 万物皆一体

"深度患者（Deep Patient）"并不知道被击中头部人类会感到头晕，不知道糖尿病患者不应该一口气吃5磅[①]的三角巧克力，它甚至也不知道手臂和手腕的骨头是相连的。它唯一知道的就是2015年纽约西奈山伊坎医学院的研究人员给它输入的医疗记录：整整70万份令人头大和无从下手的患者病历。然而，"深度患者"在分析了这些数据之间的关系后，不仅能够判断出个别患者罹患特定疾病的概率，而且在某些情况下它做出的判断比人类医生的诊断更准确，甚至能对一些迄今为止人类医生

---

[①] 1磅≈0.45千克。——编者注

完全无法预测的疾病做出准确判断。[1]

你问医生为什么"深度患者"建议你开始服用降脂药，或者进行预防性手术，医生或许回答不上来，但这并不是因为医生不够聪明或者不够专业。"深度患者"运用的是一种叫深度学习（本身就是一种机器学习方法）的人工智能，它能在对数据背后的意义一无所知的情况下，发现数据之间的关系。它构建了一个由信息节点构成的网络，每个信息节点的权重决定了它所连接的点被"激活"的可能性，而这反过来又会影响它们所连接的点，就像大脑中神经元被激活的方式一样。打个比方，为了理解为什么"深度患者"预测一个特定病人有72%的概率会发展成精神分裂症患者，医生就必须消化吸收数以百万计的信息节点以及它们之间的每个连接和权重。然而信息量太大，而且它们之间的关系太过复杂。作为患者，你当然可以拒绝"深度患者"给出的概率结论，但这样做是有风险的。从现实情况看，我们使用的"黑盒"诊断系统虽然无法解释它给出的预测，但在某些情况下它的确比人类医生更准确。

这就是我们将要迎接的未来，而且不仅仅是在医学这一个领域。你手机的导航系统、输入法的联想功能、语言翻译、音乐推荐等等，都已经依靠机器学习得以实现了。

这种计算形式在越来越先进的同时，也变得愈发神秘。例如，如果你从围棋所有可能的走法中减去国际象棋可能的走法步数，剩下的数仍然比宇宙中所有原子的个数多出许多倍。² 然而，谷歌公司研发的基于人工智能的阿尔法围棋（AlphaGo）经常能击败顶尖的人类棋手，即便除掌握有记录的 13 万场棋局中的 6 000 万种下法的数据外它对围棋一无所知。如果你试图通过检查阿尔法围棋的内部状态找到它下出特定一步棋的原因，那么你可能只会看到一组数据之间难以言喻的复杂加权关系。也许，阿尔法围棋也无法用人类可以理解的方式解释它为什么下了某一步棋。

对阿尔法围棋的下棋方式，一些评论者表示无法用语言去描述和解释。围棋大师樊麾说："这不是人类的下法。我从未见过有人这样下棋。"他接着轻轻说道："下得真是漂亮！漂亮！漂亮！漂亮！"³

深度学习的算法之所以有效，是因为它比任何人都能更好地捕捉宇宙的复杂性、流动性，甚至是美。在这个宇宙中，所有事物都在时刻影响着彼此。

正如我们将会看到的那样，机器学习只是帮助我们面对错综复杂的日常世界的众多工具和认知策略中的一种。但获得这个认知上的好处是要付出代价的，那就是我们必须放弃我们始终坚持的对这个世界的理解，以及对这个世界所发生的事情的缘由的一贯认知。

长期以来，人类一直认为，如果能够理解事件发生的永恒定律，我们就能够完美地预测、规划和管理未来。我们如果知道天气如何变化，天气预报就能告诉我们是否要带雨伞去上班。如果知道是什么让用户选择点击脸书上的这个推送而不是另一个，我们就可以设计出完美的宣传广告。如果知道流行病是如何发生的，我们就可以防止其蔓延。因此，我们的职责就是通过发现支配世界的规律和模式来理解事件是如何发生的。

考虑到我们的知识并非总是尽善尽美，上述假设其实已经建立在一个更深层的假设之上。我们与宇宙不言自明的约定是：只要我们足够努力，足够清晰地思考，宇宙就会揭示自身的秘密，因为宇宙是可知的。它至少在一定程度上是可以被我们的意志征服的。

但现在，我们的新工具，特别是机器学习和互联网[4]，让我们深切地感受到我们周围数据和信息量的庞大。我们开始接受这样一个事实，即这个世界真正的复杂性远远超过我们用来解释它的定律和模型。我们容量巨大的新机器比我们更容易理解这一点，然而作为机器，从根本上说它们并不真正理解任何东西。

反过来这又挑战了另一个假设，即我们认定的一个更低等级的假设：宇宙对我们来说是可知的，因为人类（我们假设）是唯一能够认识宇宙规律的生物。至少从古希伯来人开始，我们就认为自己是上帝创造的独一无二的生物，有能力接受他给我们的对真理的启示。自古希腊时代起，我们就把自己定义为能够看到世界的混乱表象之下的逻辑和秩序的理性动物。我们最基本的认知策略正是基于我们和世界之间的这种特殊关系。

想要改变如此根深蒂固的自我认知无疑是痛苦的。被信息过载压得喘不过气来，紧张地等待我们的商业、政府或文化被再一次颠覆，这些只是一种对更深层次的弊病的局部痛苦：我们感觉到自己并没有像想象中那样很好地适应我们的宇宙——有时我们甚至会用机器人帝国崛起的笑话来表达这种不安。进化决定了我们头脑的首要功能是谋求生存，追求真理只能退居其次。我们声称的人类的与众不同之处——情感、直觉、创造力，更像是一种固执的自我安慰，甚至显得我们有点儿着急。

我们应该去拥抱这种切实发生的幻灭，因为否定无法改变既定事实。我们认识和管理未来的能力正处于巨大飞跃的开端：我们一度想把我们的世界缩小到我们可以预测、控制和感到舒适的规模，而现在我们正在构建将世界的复杂性全盘考虑在内的全新认知策略。

我们之所以迈出这一步，是因为这些策略已经使我们更加高效，让我们能接触到更多的人和想法，并使我们更具创造力，更加快乐。它已经重新诠释了许多我们在商业和个人生活中最根本的认知方式和最习以为常的做法，并且正在渗透到我们文化的每个角落之中。

这些迹象无处不在，但在许多情况下，它们隐藏在实践和看起来已经稀松平常的观念之中。在机器学习引起人们的关注之前，互联网已经让我们慢慢习惯了这些变化……

## A／B之谜

当奥巴马第一次总统竞选团队在其网站上试验两种注册按钮时，他们发现，命名为"了解更多"的按钮获得的点击量远远超出"现在加入我们"或"立即注册"按钮。

另一项测试显示，奥巴马一家的黑白照片的点击量竟然意外地远远高于该网站一直使用的彩色照片。

随后，当竞选团队把"了解更多"的按钮与黑白照片放在一起时，注册人数增加了40%。

综合起来看，竞选团队估计，在其通过电子邮件触达的1 300万人中，近1/3的人和约7 500万美元的捐赠因这种A/B测试的优化而获得。在这种测试中，网站对不知情的随机用户试用不同版本的广告或内容，然后根据测试结果来决定为其余用户提供哪个版本。[5]

让竞选团队更惊讶的是，一段候选人在集会上鼓动群众的视频，其点击量远远低于单纯的文本信息。考虑到候选人的演说才能，有什么能解释这种反常的差异呢？竞选团队不知道，他们也无须知道。即便不知晓原因，实证数据也会告诉他们应该把哪些内容发布到竞选网站上。从结果看，奥巴马获得了更高的点击量，更多的捐款，也许还有更多的投票。

A/B测试已成为一种常见的做法。你在谷歌搜索页面上获得的结果是A/B测试的结果。[6] 网飞官网电影的排序是A/B测试的结果。甚至《纽约时报》使用的某些新闻标题也是A/B测试的结果。[7] 2014年至2016年，微软必应搜索网站的软件工程师进行了21 200次A/B测试，其中1/3直接导致了服务的变更。[8]

A/B测试非常有效，而且这种有效性并不基于任何对结论的解释性假设，同时，测试本身也不会给出任何这种假设。例如，在亚马逊的一些广告里，为什么年轻女子微笑的形象在左边而不是在右边时会产生更多的销量？我们可以编一个理论出来，但我们最好还是在制作下一个广告时对模特的位置再次进行A/B测试。黑白照片对奥巴马有效，并不意味着他的竞选对手约翰·麦凯恩就应该放弃自己的彩色照片。使用蓝色背景而不是绿色背景对亚马逊的户外烤肉架销售有帮助，但我们没有理由因此就认为它对室内烤肉架或烧烤食谱也会起作用。

实际上，影响人们偏好的因素完全有可能是难以察觉且变化无常的。也许50岁以上的男性更喜欢模特广告在页面左侧，但前提是这个广告的页面标题很有趣。底特律的女性更喜欢模特广告在页面右侧,前提是持续阴了两天,灿烂的阳光刚刚透过窗户照进来。有些人喜欢黑白照片,前提是他们刚看过高对比度的视频。有些人更喜欢彩色照片,就因为他们最喜欢的棒球队刚刚输掉一场比赛。针对影响人们偏好的因素,我们也许能从这些个性中总结出一些共性,也许不能。我们不知道,影响结果的因素可能和世界本身一样纷繁复杂。

我们从小就相信,世界的真相和本质可以用一些永恒不变的定律来表达。学习这些定律,你就能做出预测。发现新的定律,你就能预测更多事情。如果有人想知道你是如何做出一个预测的,那么你可以把定律和输入的数据告诉他。但是在 A/B 测试中,我们通常没有任何的心理框架去解释为什么一个广告版本比另一个的效果更好。

想想抛沙滩球,你会期望球在你抛出去的大致方向上划出一个弧线,因为我们基于物理的认知模型考虑到了重力和动量。但就算球朝别的方向飞去,你也不会不相信物理了。你会默认自己没有考虑某些因素,也许刮了一阵风,也许你抛球的手滑了一下。

这正是我们的 A/B 测试不涉及的部分。我们不需要知道为什么黑白照片和"了解更多"的标签能增加竞选捐款。而且,即使我们从民主党的广告中吸取的经验对共和党对手无效——

它们很可能是无效的，那也没关系，我们只需要再进行一次成本很低的 A/B 测试就可以了。

A/B 测试只是一个例子，它含蓄地向我们表明，原理、定律和普遍原则并不像我们想象的那么重要。也许——也许——所谓原理恰恰是我们在无法处理现实的细微之处时拿来做简化的工具。

\* \* \*

我们刚刚看了两种完全不同的计算机技术：一种是编程技术（机器学习）；另一种是能让我们遇到他人，倾听他们的表达，感受他们创造力的全球村（互联网）。当然，这些技术通常是相互交织的：机器学习通过互联网大规模地搜集信息，同时越来越多的基于互联网的服务需要应用机器学习，进而反哺机器学习。

这两种技术至少有 3 点共同之处：规模庞大，互通性，复杂性。这些共同点使我们了解了世界的运转方式。

它们的庞大（规模）并不是我们在参观世界上最大的麻线球或者想象世界上所有的土豆都堆在一起时的那种大。机器学习和互联网规模庞大的特性在于，它们是细致入微的。这两种技术都依赖于精细化和独特性蓬勃发展，而不是通过概括或压制"边缘"信息和想法来忽略细节。

这两种技术的互通性意味着它们包含的点点滴滴的信息

都是相互影响的，而无须考虑物理距离造成的障碍。互通性对这两种技术都是至关重要的：一次只能将一个部件连接到另一个部件的网络不是互联网，而是过时的电话系统。新技术的互通性是庞大的、多路径的、零距离的且必不可少的。

机器学习和互联网的庞大规模和互通性导致了它们的复杂性。大量碎片化信息之间的联系有时会导致一连串事件的发生，这些事件的结局会与它们的初始目标相去甚远。微小的差异会导致这些系统产生意想不到的变化。

我们并不是因为这些技术规模庞大、互通且复杂才使用它们的，我们使用它们是因为它们有效。我们使用这些技术取得的成功向我们展示出，世界远比我们想象的更复杂、更混乱，而这反过来又鼓励我们探索新的方法及认知策略，挑战我们对"理解"及"解释"本质和重要性的假设，并最终引导我们对因果性产生新的认知。

## 我们认为因果性是什么

几千年来，我们对因果性有很多看法。古希腊的观点认为，事物自然而然会努力发展成它们现在的样子，而更现代的观点认为，事件都是由机器般冷酷无情的因果关系操控的。纵观人类文明史，无论是哪个时期，我们似乎都普遍接受了关于因果性的 4 种假设——这些假设现在正受到挑战。

**事件按规律发生**

一家公司几乎想象不到比这更糟的噩梦：航空公司在其安全须知上增加了一条提示，提醒人们在飞机上关闭该公司的产品，以免其在空中爆炸。

2016 年，乘客就听到了关于三星 Galaxy Note 7 手机的安全警告。

在 35 部手机自燃后——最终数量为 400 部左右，三星召回了全部 250 万部手机，损失约 50 亿美元，公司市值减少了 140 亿美元。

三星称，问题出在锂离子电池上，并且这一缺陷影响的手机只占总销量的 0.01%。[9]

那为什么 99.99% 的手机没有自燃呢？我们有几种不同的答案。首先，也许最后自燃的几个在制造时出了问题，材料不合格，或者组装没做到位。其次，可能是一些极端情况导致手机自燃，比如用户坐在手机上导致手机承载的压力过大。再次，也许我们需要将这两种解释结合起来，一些人将少数质量不合格的设备置于极端环境。

不管选择哪种解释，我们都会坚持一个不言自明的基本原则：如果对同一类型的对象执行相同的操作没有得到相同的效果，那么要么实际上它们不是同类型的对象（自燃的手机与99.99%的手机不同），要么原因不同（自燃的手机在颠簸的环境中被挤压）。事件总是以某种有规律的方式发生着。

但是……

愈发明显的是，这些规律并不总是能成为我们应对世界复杂性的最有用的工具。A/B 测试可能对每种情况的细微之处都非常敏感，但如果你想要运用自然规律做到这种程度，那么难度不亚于让你精确地找出一块刚好能把你的挡风玻璃砸出蛛网裂痕又不让其彻底裂开的碎石。如果还怀疑这一点，你就仔细想想，既然我们可以直接通过定律来确定 A/B 测试的结果，那么我们一开始直接用定律好了，也就不用做什么 A/B 测试了。我们不用搭建什么"深度患者"系统，让医生直接诊断就好了。我们也会知道哪些手机会自燃，因而它们就不会出现在行李中。而围棋大师们也不用再惊叹阿尔法围棋在面对复杂棋局时所下的一步棋是多么美妙了。

我们可以理解事件背后的因果

古埃及人知道，如果吃一些柳树皮，他们的疼痛就会减轻。古埃及人没有我们所谓的科学理论来解释为什么这样会起作用（虽然他们的医学实践在当时是先进的，但是这些实践都基于神、灵魂和身体通道堵塞这些传统观念），不过柳树皮的确有效。18世纪60年代，英国牧师爱德华·斯通重新发现了柳树皮的这种作用，但他同样不具备科学理论。1899年，拜耳公司根据柳树皮中的化学物质开始生产我们现在所知的阿司匹林，当时拜耳公司也没有受到科学理论的指导。直到20世纪70年代末，相关理论才问世，其发现者也因此获得1982年的诺贝尔奖。[10]

虽然都缺乏理论指导，但是埃及人和拜耳公司还是有区别的：与埃及人不同，拜耳公司的化学家相信存在一种理论——一种由受规律制约的化学作用解释的因果关系，并且我们最终会发现它。

我们坚定不移地信奉这样的宗旨，即规律引发的变化不仅适用于所有类似的情况，而且人类可以了解这些规律。这使得我们成为宇宙中与众不同的存在。

但是……

机器学习比以往任何时候都更精确地做出了"深度患者"那样的重要预测，而我们可能永远无法理解这些预测。我们天真地以为，我们能够了解事件是如何发生的。但如今，这种信心正在被一点一点地侵蚀。

## 我们可以通过改变正确的条件促使事件发生

何塞菲娜·卡萨斯对 BuzzFeed 网站（美国新闻聚合网站）进行了调查，她建议，如果想让你的帖子产生病毒式传播，那么标题一定要有数字。知行合一的她，给这篇调查起的标题就是"5个让你的推特和脸书上的标题和 BuzzFeed 的一样棒和点击量超高的小技巧"。[11]

她的帖子验证了因果论对我们做出的一个最基本的承诺：事件的发生遵循可知的规律，所以你只需要改变合适的条件就可以促使特定的事件发生。

但是……

一个和其他 100 万个视频没什么区别的视频在被发布到互联网上之后，出于我们可能永远无法理解的原因，它在全世界掀起了一股风潮，1 700 万人将一桶冰水浇在自己的头上，为一项慈善公益事业筹集了 1 亿美元。[12] 其他数以千计的慈善机构受到启发，尝试着对该活动做一些调整，但没有起到任何作用。我们的推送充斥着各种不可复制的变量，它们就像 A/B 测试中哪个按钮将获得更多的点击量一样不可预测。

如果你每次做同样的事引发的行为都不一样，那么这背后还有什么规律可言？

## 变量与效果成正比

如果你想提起一袋 100 磅重的土豆，你要花费的力气就是提起一袋 50 磅重的土豆的两倍。在一般的物理原则下，事情就是这样。

但是……

一颗小石子击中挡风玻璃就能把玻璃砸碎，一个雪球能引发雪崩，一段业余的视频可以像病毒一样传播开来，让数百万人走上街头。在这些情况下，一次巨大事件的引发仍然需要巨大的能量，但是如果系统规模足够庞大、足够复杂且互通性非常高，遍布于整个系统的微小变化就足以产生这种能量。

现在，我们大多数人将每天的大部分时间都花在这样一个系统上：互联网。而对深度学习系统那成千上万个微小变量，我们如果调整对了，就能预测出被我们称为人体的复杂系统里危及生命的心脏问题。

\* \* \*

随着我们逐渐远离这 4 种假设，也许我们对事件因果的惯性理解终于开始朝着世界实际的运行方式靠拢了。对这种运行方式，科学家其实已经研究一段时间了。

## 日常混沌

你上车，开车去购物中心。在路上，你停下来让救护车先行通过。这是一次普普通通的日常驾驶。

布雷登·R.艾伦比和丹尼尔·萨瑞维茨在《科技人类状况》（*The Techno-Human Condition*）一书中希望我们意识到，一次看似再普通不过的驾驶，实际上有多么复杂。你的汽车就是他们所说的一级复杂系统，因为你可以打开引擎盖，弄清楚它是如何工作的。购物中心的存在归功于二级复杂性：在汽车出现之前，去购物中心很不方便，但是你不能仅仅通过检查一辆汽车就预测出购物中心的兴起。救护车只能作为三级系统的一部分来解释，三级系统的存在是因为多个系统的交叉存在：汽车、道路、交通法规、依赖于集中设施的医疗保健系统等等。如果只看到汽车引擎盖下面的东西，你就永远都预测不到救护车的出现。[13]艾伦比和萨瑞维茨提出这一点是为了劝阻我们不要再将一级系统的解决方案应用于三级系统的问题，例如气候变化。但他们也分析得出另一个结果，即我们周围的简单事件之所以看起来简单，是因为我们忽略了让它们成为可能的复杂系统。

然而，直到大约60年前，我们才得出一个直接解决复杂性问题的理论。如果我们愿意过度简化一下它的历史，那么我们可以将1972年该学科奠基人之一爱德华·洛伦兹的一次演讲，作为混沌理论进入公众视野的开始："可预测性：巴西的一只蝴蝶扇动几下翅膀，居然在得克萨斯州引发了龙卷风？"[14]这种令人难以置信的想法，很容易让媒体把它报道成另一个"这帮疯子又想出了什么疯主意"的案例。

当然，混沌理论根本不是什么疯主意。事实上，在机器学习让我们不用总是理解数据之间的规律就能使用数据之前，在互联网让我们直接体验复杂系统有多么不可预测之前，混沌理论就为我们打破变化是如何发生的这一固有认知奠定了基础。

混沌理论并不疯狂，它只是看起来疯狂，因为它描述的是非线性系统——随着规模的扩大，这些系统的行为会完全不同。例如，如果想多拉点儿人参加原定人数为4人的晚餐聚会，你就不能只添几把椅子，再往菜里多加点儿料，因为那只是一个线性系统。在某个特定的时刻，你会意识到必须租一个大厅，找一个宴会承办人，与当地警察协调安排交通，并放弃让每个人都站起来做自我介绍的想法。这将是一个本质上完全不同的聚会。

天气是一个更典型的非线性系统。例如，温度的微小上升会影响气压和风速，这足以改变空气中的水蒸发和凝结的模式，从而导致飓风。当较小的影响对系统的行为产生巨大的影响时，你就得到了一个非线性系统。

混沌理论为我们提供了用于对高度复杂的非线性系统进行建模的数学工具，从而使我们能够严格分析一切，从巨石周围的水流，到气候变化，再到在《侏罗纪公园》里水珠在劳拉·邓恩手中流动的方向。[15]当然，这种新科学的解释通常超出了没有高等数学专业背景的人的理解，我也是其中一员。

混沌理论形成后不久，一种相关现象就成为其研究对象——复杂适应系统。公众对这类系统的理解，还要归功于蕾切尔·卡森1962年出版的畅销书《寂静的春天》，这本书让人们意识到错综复杂的生态系统（这是个1935年才被造出来的词语）的脆弱之处。[16]改变一个元素可能会对整个相互影响的系统产生戏剧性的影响，这种说法令人惊讶的程度，不亚于一只蝴蝶在理论上可以引发飓风，或者黄石国家公园重新引入狼群所引发的一系列改变，并最终改变了当地河流的流向。[17]如此复杂的系统可能会带来一些涌现效应，这些效应我们是无法仅仅通过观察其组成部分去理解的，就像无论怎样细致地解剖一个大脑，你都无法在其中找到一个想法、一种痛苦或一个人一样。

在过去的几十年里，混沌理论及复杂适应系统理论的科学领域之外的许多发展让我们明白，世界似乎并不像我们数百年来所想的那么容易理解。这些发展有许多发生在全球范围内：

## 前言　万物皆一体

第二次世界大战动摇了我们对西方文化合理性的信念；哲学存在主义教导了一代人，其意义只是我们的发明；女权主义挑战了纯粹分析思维的崇高性，指出这种思维通常是男性维护权力的举动；所谓后现代哲学已经否认了我们不同的诠释背后存在一个单一的现实。行为经济学指出了我们的行为有多么不合理，比如，如果一个谎言被揭穿，它在我们的脑海中就会变得更牢固。

这些影响让我们开始质疑，我们对因果性的理解是否过于简单，是否受到了过去对历史权力结构的限制，我们是否过于天真地认为大脑是一种寻求真理的可靠工具。相反，我们开始发现，事件背后的因果关系如此复杂，如此难以理解，并且往往基于具体情况本身最细微的特性，以至为了理解它们，我们不得不把它们简化成比现象本身更简单的故事。

黑暗隧道的尽头出现一丝光亮。我们终于拥有了从庞大而混乱的细节中提取有价值信息的工具，我们拥有了可以让我们从理论中获取实际价值的工具。互联网的世界中充满了无数的复杂与混乱。人工智能以机器学习尤其是深度学习的形式，正让我们从过去被我们视为过于庞大、混乱和琐碎的数据中获益。

因此，现在，我们终于从混沌理论转向混沌实践——将这一理论那令人兴奋的想法应用于日常生活。

## 超出预测的复杂性

在本书的其余部分，我们将探讨为了应对世界的复杂性而产生的全新的认知策略。在这之前，我们先看一下当下各行各业的人士，在意识到表象秩序之下的混沌时所采取的实际做法。

在商业领域，我们将*柔性生产*作为最佳做法，因为它能帮助我们避免低估或高估根本无法预测的市场需求。我们钦佩地谈论那些能够完成关键转型或*自我颠覆*的公司。一些领先的公司正在推出*最小化可行产品*，这些产品只包含用户愿意为之付费的功能，这样公司就可以看到用户的真正需求。与传统的任务管理流程相比，公司通常依赖于*敏捷开发流程*，以更好地应对新想法及技术开发中的复杂的依赖关系。许多公司正在为随时可能摧毁企业根基的*黑天鹅*事件做着准备。[18]

政府、非营利组织和其他公共机构，以及一些营利性公司，一直采用*开放平台*来提供数据和服务，而不去设想或限定用户使用这些数据和服务的方式。使用这些数据，独立开发人员可以创建这些机构从未想到的应用程序和服务。通过采用*开放标准*，用户可以聚合来自多个组织的数据，从而创建数据原始发布者无法预见的新发现和资源。

在科学领域，先进的统计分析工具可以超越假设和理论。机器学习和深度学习正在开辟全新的领域，用人类数都数不过

前言　万物皆一体　　　　　　　　　　　　　　　　　　　XLVII

来的变量和它们之间错综复杂的微妙关系来做各种预测。

在游戏这个使电影业的收入相形见绌的领域，用户通常可以创建自己的*游戏模组*（mod），实现*全面改动*（total conversion），从而以游戏商家难以想象的方式改造游戏。

在我们的个人生活中，从*自由职业者*[19]浪潮到零工经济时代，我们已经习惯了这样一种观念，即当代人不会像婴儿潮一代那样将一个职业干到老。

如果你知道的只是上文斜体的一些新概念，你就会认为，我们在过去20年里做的那些发明与革新都是为了避免去预测未来会发生什么。

你是正确的，这正是我们想做的事。

## 这本书在讲什么

本书的目的是揭示一种隐藏于商业、个人生活和制度变化背后的底层逻辑的改变。

本书计划研究我们生活中某些特定领域发生这些变化前后的情况，尽管在大多数情况下，这些变化还没有完全结束。我们过去是如何探寻事件背后的机制和原因的？这方面的新变化对商业领袖、公民和全人类的好处（和挑战）是什么？

本书的结构在时间上是跳跃的。第一章和第二章介绍了我们进行预测的旧方法，然后介绍了基于人工智能的新方法，并对比探究了我们在认知上前后发生的变化。然而，人工智能并不是唯一改变我们对世界认知的技术。过去当我们面对未来时，我们往往依赖于对未来的预测。因此，在第三章，我们回顾了过去20年使用数字网络来摆脱这种依赖的各种方式。在第四章，我们会寻找到目前为止我们所讨论的所有变化的底层逻辑。第五章和第六章探讨了这一新的底层逻辑产生的两个深远影响：我们的顶层战略是如何随着底层认知逻辑的改变而改变的，以及这方面最新的进展。第七章思考了这一切在商业和实际用途之外的意义。

本书的独特之处在于，除了前言和最后一章，每一章都以一篇短文结尾，内容涉及这些变化是如何影响我们最基础的认知的——比如，我们如何思考道德的含义，或者我们如何在生活中界定正常与意外。我把这些简短的文章称为"尾声"，虽然音乐的尾声意味着一个乐章的结束，但我希望这些文章能打开新的篇章，让我们意识到这些变化在生活中可能会产生深远的影响。

一个全新的未来展现在眼前，这种感觉完美地契合了我们将要探索的主题。

尽管本书的作者不喜欢谈论自己，但是提供一点儿背景可能会对读者理解本书有帮助。当我还在大学主修哲学专业的时候（虽然从严格意义上讲，我主修意义——那是20世纪60年代），我就一直思索本书涉及的问题。在博士学习和许久前的6年哲学教授任教期间，我一直都在研究这些问题。我们的工具如何影响我们对世界的理解与体验，我们的体验和对世界的理解又是如何反过来影响我们的工具的？我们的日常体验教会了我们哪些我们的观念极力否认的东西？并且，最重要的是，我们在试图使世界变得可理解和可控制的过程中牺牲了什么？

在进入高科技行业后（起初我是一名营销作家，但最终成了营销副总裁兼战略营销顾问），我对这些问题的兴趣就更加浓厚了。20世纪80年代，我迷上了互联网，接着沉迷于早期的万维网，因为在我看来，它们打破了那些通过限制可能性来实现控制的各种体制和认知方式。这正是我写的关于互联网的4本书背后的主题，从第一本《线车宣言》（合著），到最近的一本《知识的边界》。自2004年起，我在哈佛大学伯克曼-克莱因互联网与社会中心担任研究员，现在是该中心的高级研究员。我也是哈佛大学肖伦斯坦中心的新闻研究员，同时是美国国务院富兰克林专家项目的研究员，并且是谷歌公司人类与人工智能系统交互方式研究项目（PAIR）的常驻作家。[20] 此外，差不多有5年的时间，在我参与指导的哈佛大学图书馆创新实验室里，我以各种实用的方法来实践本书所阐述的一些核心思想。

我之所以写作本书，是因为我们正在经历一场关乎我们对自我及世界的认知的深刻变化。我们应该重新思考变化是如何发生的这一基本假设，以便我们的认知能"向前一步"。我们对现实有多少控制权？找到合适的变量仍然是改变局势最有效的方法吗？我们可以从技术创造出的成功和发展中学到什么？解释的作用是什么？什么带来了成功？对这些问题以及本书更多内容的思考将引导我们走上意想不到的道路。本书的最后，不会有一章列出一系列编了序号的成功法则。要是有该多好！相反，正如我们即将看到的，向前一步意味着我们必须接受全新技术向我们展示并让我们应用的复杂性和混沌。

　　通过这本书，我希望我们可以瞥见这场人类认知的变革，瞥见这场使一系列一度令人困惑的现象变得可以理解，甚至是稀松平常的革命。这是我们对世界认知的革命，而这自然也会决定，我们在眼前的现状中能看到怎样的未来。

　　这将改变一切。

第一章

# 预测的演变

Chapter One

# The Evolution of Prediction

# 第一章 预测的演变

在我还是个小屁孩的时候，就算是闭着眼睛蒙明天的天气会和今天一样，你都能比天气预报更准。我五年级的科学老师就是这样告诉我们的。

现在，在美国国家航空航天局网站上的一系列照片中，你可以直观地看到为何你手机上的应用程序能以惊人的准确性预测 10 天内的天气。[1] 在一张 2005 年的卫星图像里，每个彩色区块都展示着这一块 50 平方公里的土地上水蒸气的含量——一种重要的飓风预测指标。在 2015 年拍摄的图像中，这些色块比实际面积等比缩小了 1/10，这提供了颗粒度更精细的信息。这种变化是巨大的，就像该网站的一篇文章描述的那样："想象一下，这就好比你原本玩着由像素画构成的人物的游戏，突然你看到你角色额头上的汗珠了。"2

你可能会认为，现在有了这些新的预测超能力，我们就能预测地震了。3 毕竟，这些都是由每年移动几英寸①的巨大构造板块碰撞引起的行星级事件。如果在专家鉴定中将撞车事故的镜头减慢到这样的速度，你就会不耐烦地拼命摁播放设备上的"快进！"按钮。然而，一个微小的触发事件就可能导致灾难性的地震——可能是板块的缓慢撞击使夹在它们中间的石头变成液体并汽化，或者其他无数次的压力事件最终达到了临界点——掀起连锁能量效应，产生山崩地裂的力量。我们在多个领域的预测因数据量的增长和模型复杂度的提高而变得更准确，这让我们逐渐意识到，即使是由相对简单的物理定律支配的系统，也可能变得非常复杂，也会受到这些连锁能量效应和其他怪异因果关系的影响。

因此，我们在不断提高预测能力的同时，也不断地意识到我们的世界有多么深不可测。当预计的出发时间被推迟时，我们会变得更没有耐心。而可能发生的灾难、恐怖或军事袭击，甚至只是未知的未来，都会让我们变得无比焦虑。这可是有点儿矛盾啊。但这可不是个随意就能打发掉的矛盾，因为，正如

---

① 1英寸=2.54厘米。——编者注

我们将要看到的那样，我们预测的方式反映了我们对未来与世界的认知。

在本章中，我们将探讨"过去"的预测方式。下一章我们将讨论"未来"或者至少是"当下"和"即将发生"的预测方式。我们将看到，我们不断增强的预测能力，正是源于我们的新技术对这个复杂多变、充满联结又远超我们人类所能理解的世界的深刻阐释。

## 预测的最佳点

想想你过去做出的预测。你大概率不会只说出将要发生什么，然后就此打住吧。你或多或少会使用模糊限定语。你可能会说，"我打赌这两位明星的婚姻不会持续一年"，或者"如果这位候选人在辩论中没有提到'高薪的好工作'，我就吃了我的帽子"。那些表示不完全确定意思的模糊限定语——"我打赌""如果这样"——会帮我们意识到说这句话的人是在做预测。

预测不偏不倚地处在意外和确定之间的最佳位置上。这就是为什么"看起来周五会下雨"比"明天太阳会升起"更像一个预测：明天太阳会升起完全没有悬念。另一方面，谁会被邀请参加你刚出生的孩子的 80 岁生日聚会无法预测，因为这太不确定了。预测是一种在无法确认的情况下做出的怀疑性表达。

尽管如此,并非每个这样的表达都是预测。如果我问你为什么选择某个特定的彩票号码,你回答"我只是有预感",那么你的选择不是预测,或者至少不是一个预测的好例子。显而易见,我们期望预测是有依据的。对预测降雨来说,这些依据可能是统计数据("4月通常多雨"),也可能基于科学定律的模型("大量潮湿的暖空气将与冷锋相撞,造成降水"),或者可能来自我们将在下一章要讨论的复杂的机器学习模型。[4]

预测的两个特征——一定程度的确定性,以及一定数量的依据——使得预测成为了解我们认知方式的重要线索。如果你因为今晚看到地平线上乌云密布而预测明天会下雨,那么你可能不仅仅依据经验,你还可能掌握了把今晚的云和明天的雨联系起来的科学理论——关于云在大气层中运动的稳定性,水蒸气凝结在一起形成云层,等等。如果66路公共汽车未按时间表的规定在8:17到达,你就会认为交通状况不佳,或者较早的一辆公共汽车发生了故障,或者你会因城市生活的复杂性而认为公交车系统不太可靠。

事实上,预测作为一种语言类型是很特殊的,从它们身上我们能看出该语言文化背后的世界观:是什么导致了变化?变化的规律性如何?人类在变化中起到了什么作用?

让我们简要地回顾一下早期的3种文化,它们认识世界的方式让它们无法做出我们今天所说的预测。

＊　＊　＊

在近 3 000 年的历史长河中，古埃及人一直坚持一种循环观，每过去的一年似乎都在印证这种循环观的正确性：季节来了又去，农场和村庄的生活基本保持不变，进步的思想对古埃及人来说就像软冰激凌一样陌生。古埃及人甚至都懒得为自己的年份提供连续的数字：每位新法老都会将时钟重置到第一年，并在每两年征税时将纪年增加一。[5] 几千年来保持不变的循环观文化不是一种会做预测的文化。

希伯来人对时间的看法是线性的，他们仍然未像我们想象的那样做出预测。他们得到上帝的应许，有一天会回到应许之地，届时世界将得到救赎，然而，应许并不是一个预言。这一应许开启了他们宏大的线性叙事——与埃及人的时间循环意识截然不同，但他们的旅程能否完成取决于希伯来人是否履行了与上帝的契约。这就是为什么先知的话语通常过于有影响力而不能被算作预测：如果我们继续以这些错误的方式前进，那么我们将面临贫困和惩罚，但是如果我们遵循上帝的旨意，那么我们将被祝福，我们的薪火将得以传递下去。

对古希腊人来说，情况是不同的，这取决于他们是在仰望头顶的天空还是俯视脚下的大地。抬头仰望，他们同古埃及人一样看到了斗转星移，并且坚信星空充满规律。但在地球上，没有人知道会发生什么。古希腊文化是一种生活在动荡时期的水手和商人缔造的文化，可预测的井然有序的天堂和地球上生命的无常，对古希腊人来说都是生活中的基本事实。[6] 毕竟，有一天早上，剧作家埃斯库罗斯一觉醒来，他万万没想到会天降横祸——一只老鹰从空中扔下一只乌龟，砸在他的头上，他被砸死了。[7]

凡人的生活如此无常，正是因为它受到众多互相交织的力量的控制。命运三女神决定了你的寿命和人事，比如你的婚姻是否幸福。众神不能撤销命运女神的法令，但是他们可以通过其他方式改变凡人的生活。接着是古老的灵魂或精灵，以不受约束的方式干预凡人的生活。因此，各种超自然力量组合在一起，决定了一个人的一生，而人类在其中的可控性和可预见性是非常有限的。[8]

诚然，德尔斐的神谕指向通往未来的神圣通道——或者像《科学美国人》的一篇文章声称的那样："神谕就是一个山洞里的女祭司，在被火山的烟雾熏得脑子出问题之后说出的语无伦次的话。"但她的预言如此神秘，以至当人们在弄明白这些晦涩的语言时，为时已晚。[9] 问问俄狄浦斯王，他知道神谕，但最终还是没有逃过神谕所示的命运。他对着他的妻子说出"您是我母亲？"之后，刺瞎了自己的双眼。

第一章　预测的演变

根据哈佛大学希腊语教授伯纳德·诺克斯生前的说法，这就是为什么古希腊人在谈论未来时，未来并不在他们面前，而是在身后。他解释说，对古希腊人来说，未来根本是不可知的——就像我们看不到身后发生的一切。[10] 在这方面，古希腊人也不是唯一这样认为的人。一些人坚持认为，希伯来人也是出于相同的原因，才用相同的话语谈论未来。[11] 同样，一位非洲宗教学者认为，"非洲人民"认为时间是"向后"而不是"向前"的存在。[12]

当未来如此不可知，以至我们认为未来永远在我们"身后"时，预测就是不可能的，就像无神论社会中的祈祷，或是写打油诗的语言没有韵律一样。[13]

\* \* \*

我们之所以回顾这 3 个文明，并不是为了指出这 3 种早期文明太过愚蠢，无法提出我们所理解的预测。确切地说，我是为了阐明，我们的预测需要有一个恰到好处的世界观。反过来，预测也揭示了预测者所持有的世界观。

例如，让我们穿越时空回到现代天气预报的起源。1900 年，一位名叫威廉·比耶克内斯的挪威科学家认为，我们只需要使用 7 个变量——3 个空间维度以及空气的压力、温度、密度和含水量——和艾萨克·牛顿提出的相关定律，就可以了解全球气候的动态。[14] 我们终于有了一个解释天气如何产生的模型，我们终于能够依据物理学定律进行预测，而不是根据对天气现象的观察来瞎猜。

随着时间的推移，科学家改进了比耶克内斯的原始模型，并最终在一些原始计算机上运行了该模型，从而使天气预报总体上足够准确，可以告诉你是否应该携带雨伞去上班。但令人担忧的是，它仍然不可靠，尤其是对未来几天天气的预测。比耶克内斯的方法尽管有各种不足，但终究还是将天气完全带入了现代可预测的领域。

如果根据受牛顿定律支配的7个因素来预测明天的天气，你就会认为世界在整体上是有序的、基于规则的且可知的。如果通过研究鸟类的内脏来预测下一个季节的天气，你就会认为世界上事件的发生取决于一些错综复杂的意义。[15] 如果把手指伸向风中就能知道暴风雨即将来临，你就会认为世界是由紧密交织在一起的系统组成的，单一的因素就能揭示系统的全貌。如果通过对多年前的数据进行统计分析来预测天气，你就会认为世界是由规律主宰的，受制于许多因素，并且这些规律可能不为人知或很难起作用，但趋于重复。此外，换个例子，如果你使用A/B测试来确定哪个版本的广告将产生最多的点击量，那么你至少会认为，在网络世界里，具体事件背后的原因可能太过细微和错综复杂，以至即便旧的预测方法行不通，也没有多大关系。

因此，预测方式的故事也是我们对世界运行方式的理解的故事。

要想知道这个故事是如何到达某个转折点的，我们必须回到那个使我们现在所认为的预测成为可能的点。这个点有一个名字：艾萨克·牛顿爵士。

## 钟表嘀嗒

牛顿物理学为我们呈现了一个可以被充分预测的宇宙，它受规律的制约。这些规律是可知的，对万事万物以及整个宇宙都一视同仁。我们对这个宇宙状态的了解程度足以让我们做出预测，但还不足以使我们成为不需要去做预测的无所不知的神。

很重要的一点是，牛顿简单易懂的定律足以解释事件是如何发生的。它们不需要神、命运或灵魂的干预。它们不要求我们去规定，像古希腊人想的那样，橡子要变成橡树是其本质使然。牛顿的预言揭示了宇宙是一个独立的钟表装置，它完全可以用自身的概念来解释。

想一想老式发条表或老爷钟的内部结构，每个齿轮都与其他齿轮啮合得如此完美，以至系统发出的唯一噪声就是机械装置的嘀嗒声，它将秒针移动一个凹槽，同时释放时钟被压抑的能量。该机制遵循以下规律：这个齿轮带动那个齿轮，那个齿轮带动另一个齿轮，一次一个齿轮，简单的规则带来简单的结果。机械钟表是完全可知的，你可以打开钟表观察其工作方式。它的下一个状态完全取决于它当前的状态，是可以预测的：如果时间是 12:01，在 60 秒内，钟表将指向 12:02，而不是 11:57。如果你不能准确预测一个钟表的指针在一小时后的位置，那么这个钟表连一天走对两次都做不到。事实上，你可能需要确认一下，你盯着看的是不是烘干机。

因此，钟表成为一种理解和表达事件发生机制的标准方式：遵循简单、可知的规则，以很小的增量带来完全有规律的变化，我们如果有完美的知识，就足以解释这些变化……但是，我们显然没有。这就为预测提供了空间。

1814 年，皮埃尔-西蒙·拉普拉斯侯爵从牛顿的著作中得出一个不可避免但令人不安的结论。他想象出一个神灵般的智者——通常被称为"拉普拉斯妖"，这个智者可以知道宇宙中每个物体在每一刻的位置，它们之间所有的作用力，以及统治它们的牛顿定律。（在本书中，"拉普拉斯妖"会不止一次出现。）"对这样的智者来说，"拉普拉斯写道，"没有什么是不确定的，未来就像过去那样出现在眼前。"[16] 这个伟大的智者可以将牛顿定律应用于历史的任何一个时刻，并推断出整个宇宙的未来以及过去。

## 第一章 预测的演变

拉普拉斯有时被称为"法国的牛顿",因为他的工作扩大了万有引力定律的应用范围,包括解释似乎不符合万有引力定律的现象,例如木星和土星轨道的微小扰动。[17] 但是在上一个段落中,拉普拉斯得出的结论使牛顿本人对钟表这个比喻感到不舒服:宇宙一旦开始运转,就不需要上帝的帮助了。对牛顿这样笃信宗教的人来说,上帝创世后在宇宙中就失去作用是不可想象的。但是牛顿认为,他找到一种方法可以为上帝留下一席之地。牛顿的万有引力定律——每个物体都互相吸引——意味着宇宙中所有物体的共同引力会慢慢地把行星拉出它们美丽的椭圆形轨道。牛顿假设,上帝可能因此不得不偶尔把彗星抛到正确的轨道上,以便其引力将天体拉回到它们完美的椭圆形轨道上。[18]

另一方面,拉普拉斯是一个直率的无神论者,他觉得没有必要在理论中为上帝留出空间,甚至不需要捍卫自由意志,他认为自由意志是"我们对引发行为的真正原因的一种无知的表现"。[19] 我们人类无法随时了解宇宙的一切,因此,预测对我们来说是一个概率问题,正如拉普拉斯的书《关于概率的哲学随笔》的标题所阐明的那样。但是,所有发生的事件都是由先前的原因完全及完美地决定的,因此,对一个无所不知的"妖"来说,它完全可以做出预测。

钟表的比喻在我们的文化中被保留下来。这再合适不过了,因为钟表做工精美,象征着上帝创世这个宏伟的杰作。钟表的内部结构是完全可以理解的，就像一个逻辑系统，这使得它成为新到来的理性时代的恰当比喻。

100多年前，阿尔伯特·爱因斯坦给物理学家的钟表比喻致命一击。他认为，不仅宇宙不像一个稳定的嘀嗒作响的钟表，时间本身也不是一个简单的同步嘀嗒声序列。随后，数字时钟的出现让公众失去了对传统钟表及这一比喻的认知。然而，在日常生活中，我们仍然假定发生的每件事——嘀嗒声之后的每一次嘀嗒声——都以一种可知且确定的方式在该机制当前的状态中出现。我们仍然使用让我们可以"跳过"步骤去看未来的法则进行预测，例如，预测一架飞机将在4小时内飞行的距离与预测飞机将在两小时内飞行的距离一样容易。

这些预测的背后是一种自信，即规律本身非常简单，而且简单的规律创造了一个可预测的世界。我们可以将其视为可预测性的第一级。

但从一开始，牛顿就知道还有第二级，简单的规律很快就会变得复杂起来。

## 法国贵族的夏天

1676年，艾萨克·牛顿谦虚地给竞争对手罗伯特·胡克写信说："如果说我比别人看得更远些，那就是因为我站在了巨人的肩膀上。"[20] 然而，在他的杰作《自然哲学的数学原理》的序言中，牛顿只承认一个巨人："最敏锐、最博学的埃德蒙·哈雷先生。"哈雷不仅编辑了该书，而且劝说牛顿出版了该书。[21] 即使在英国皇家学会为鱼类史花费了太多预算而无法筹集资金的情况下，哈雷也为该书的出版提供了资助，从而避免了历史上可能出现的最糟糕的取舍。牛顿特别感激哈雷的付出，他有时把《自然哲学的数学原理》称为"哈雷的书"。[22]

然而，当哈雷请求牛顿帮助计算这颗后面以哈雷名字命名的彗星的轨道周期时，牛顿拒绝了。因为这项任务太复杂了。

如果哈雷要证明他在1682年观测到的天体与1607年、1531年甚至更早的时候多次被记录的天体相同，他必须预测该天体下一次回归的时间。如果观测时间的间隔是恒定的，那就再简单不过了，但是它们之间存在大约一年的时间差。哈雷认为，这可能是彗星穿过太阳系时木星、土星和太阳的引力引起的。他所要做的就是利用牛顿定律，把行星和太阳的引力因素考虑进去，然后找出彗星的轨道和它下一次经过太阳系的日期。

这听起来很简单。但是这3个物体的引力组合每时每刻都是不同的，因为它们彼此处于恒定的相对运动状态，这意味着它们相互施加的引力也在不断变化，这是一个典型的"三体问题"。众所周知，此类问题非常难，因此，牛顿拒绝了哈雷的请求，因为计算这个周期需要耗费大量的时间，而他有更重要的东西要思考。

哈雷只有自己动手计算，依靠数学天赋和一些粗略的估算，他推测这颗彗星会在1758年底的某个时间出现。然而，在他的假设得以证实的前14年，他就去世了。

亚当·斯密等著名知识分子大肆宣扬，能否成功预测哈雷彗星的回归周期将成为牛顿定律本身的一个关键时刻。[23] 在万众瞩目之中，3位法国贵族——亚历克西斯·克劳德·克莱罗、约瑟夫·杰罗姆·勒弗朗索瓦·德·拉朗德和妮可-雷讷·勒波特（当时还没有什么名气）——站出来了。1757年夏天，他们花了几个月的时间，逐行地填表，计算太阳、土星和木星在某一时刻的相对位置、它们的引力场将如何影响彗星的轨道，以及它们位置的细微改变会如何影响彗星下一刻出现的地点。在彗星150年的运行时间里，他们以每年一到两度的增量递增去完成这项计算工作。克莱罗负责检查计算结果，如果计算出了错而他没有发现，那就会打乱所有的后续计算。

拉朗德后来宣称，从6月到9月，日复一日的辛苦工作使他患了终身疾病。另一方面，克莱罗报告说，勒波特表现出"令人惊讶"的"热情"——也许对他来说这是令人惊讶的，因为勒波特是女性。后来，他在已发表的文本中删除了对勒波特巨大贡献的承认。（勒波特后来的许多作品在发表时都没有署名合作者，包括她那作为法国皇家钟表匠的丈夫。）

1757年11月，克莱罗向法国科学院提交了他们3个人的发现，他们为彗星的回归设定了一个为期两个月的时间段。1758年3月13日，一位德国天文学家在他们设定的时间段之外的两天观测到了它。现代科学家将这一微小的误差归因于研究小组未能计算出天王星和海王星的引力影响，因为当时这两个行星还未被发现。后来，科学家还在三人组的计算中发现了两个错误，幸运的是，这两个错误的作用相互抵消了。[24]

在这个故事中，我们看到了应用牛顿定律的更高层次的复杂性。在第一级，这些定律让我们"向未来跳跃"：输入正确的数据，你就能知道2921年1月30日将会发生日食，正如你预测2021年6月10日的日食一样容易。但是预测哈雷彗星的轨道周期是不可能的，并没有任何"向未来跳跃"的途径——不是因为其运动不遵循牛顿定律，而是因为当多个物体相对运动时，这种运动会影响它们相对的位置，输入方程的数字也会不断变化。公式仍然很简单，但计算过程很复杂。这就是3个贵族花了整个夏天一步一步解决这个问题的原因。

在这一级预测中，复杂性仅仅要求耐心地重新应用已知的定律。尽管我们的计算机可以瞬间完成需要耗费法国贵族许多个夏天才能完成的工作，但是今天我们仍然会这样做。

第二级预测告诉我们，世界很复杂，但仍可预测。可维持的预测性强化了我们关于事件发生机制的传统范式：可知的规律确保相似的因具有相似且可知的果。

彗星的天体轨道周期是一个相对简单的问题，仅涉及极少数动力元素，它们在浩瀚的太空中彼此隔离。预测的两大转折点中的第一个很快就出现了。第一个向统计学和概率论的转向承认了牛顿的认知：宇宙如此复杂，以至实际上我们并不总是了解规律运行的条件。而第二个转向让我们意识到，牛顿以及我们关于规律的假设存在一个严重的问题。

## 简单但复杂

我们通过抛硬币来做出随机决定，因为我们无法预测它落地之后的情况。但是我们也知道，牛顿定律完全解释了硬币被抛出、下落以及它是正面还是背面着地。我们仍然会抛硬币，是因为我们知道另外一些事情：硬币以任何一种特定的方式落地的可能性都是50%。

概率论在牛顿的主要著作发表之前的几十年就出现了，通常可以追溯到16世纪中期布莱瑟·帕斯卡和皮埃尔·德·费马关于赌徒提出的一个问题的通信：如果你将一对儿骰子掷24

## 第一章 预测的演变

次,那么其中一次掷出双 6 点的概率会像当时设想的那样是50%吗？帕斯卡和费马的研究工作使数学家兼天文学家克里斯蒂安·惠更斯于 1657 年出版了第一本有关概率的书——《论赌博中的计算》,是有关赌博的,赌博是一个我们希望事件随机发生的特殊案例,但其背后的数学原理有更广泛的应用。

概率的概念出现得很早,但并未作为一种科学被研究。事实上,柏拉图把它斥为数学的对立面,因为数学的意义和美在于它是可证明的、可知的、绝对正确的。天体的完美体现在其几何精度上。[25] 在地球上,古希腊人认为,诸神决定了我们所认为的随机事件的结果。

但是到了 17 世纪,科学兴起,诸神退隐,世界似乎为系统的、可重复的原因所统治。掷骰子遵循因果规律,尽管结果是由骰子的起始位置、投掷的力度、落地点表面的弹性以及根本没人知道的某些不可测量的细微差异所决定的。我们意识到,在某些受控的情况下,例如掷骰子,原因和可能的结果有限,我们可以使用数学逻辑来预测各种可能结果的概率。

随后,从 1774 年的一篇论文开始,拉普拉斯反过来应用了概率论,推动了我们今天所说的统计学的发展。正如列纳德·蒙洛迪诺在《醉汉的脚步》中说的那样,概率"关注基于固定概率的预测"——你不需要搜集掷骰子的历史数据就知道掷出双 6

点的可能性。但是统计学关注的是"根据观察到的数据来推测这些概率"。[26] 例如，基于 66 路公交车准点的数据，你准时到达的概率有多大？

从 19 世纪早期开始，统计数据就对政策制定产生了巨大影响。从一开始，有些人就认为统计数据有损人类的尊严，因为它意味着我们的行为是可预测的，通过一排排的数据这些行为就可以被读取。可是事实就是如此，大量的事实和数据确实可以洞察大众、市场和群体的行为，也可以把握像天气那样缺乏自由意志的系统。

这对我们思考事件的因果关系至少有两个深远的影响。首先，统计研究有时仍会发现使我们震惊的规律，因为在我们看来，这些事件是受多种因素影响的：人们去各种他们想去的地方，做各种各样的事，却让路面磨损出清晰而有规律的印记。其次，概率论和统计学已经让我们意识到柏拉图的错误：一个不确定性的陈述如果包含了对不确定性的准确评估，就可以被视为科学知识。"这枚硬币有 50% 的可能性正面朝上"和"这枚硬币正面朝上"同样是真理。如果没有概率论和统计学这两大影响，我们现在的政府、企业或生活就无法正常运转。

由于概率论和统计学的重要性，它们仍然牢固地存在于牛顿的钟表宇宙中。二者通常会引发第二级预测。概率论和统计学假设了一个遵循可知规律的因果宇宙。但起始条件太复杂或太微小导致无法测量，因此，它们的结果是概率性的。这些数学科学不仅没有违背宇宙如何运转的钟表范式，而且通过延伸到一些曾经被认为是随机的或偶然的（由于神的阴谋或不可预测的自由意志）结果中，进一步巩固了其地位。我们可能无法完全解释这类事件，但它们是可预测的，因为决定它们的规律与解释和预测彗星回归时间的规律相同。

从尘埃到星辰，一套规律支配着一切。

## 简单而复杂

计算机时代开始于20世纪50年代，它进一步巩固了牛顿力学的世界观。计算机程序是一个完全由可知法则支配的微小宇宙，重要的区别在于，人类必须决定这些法则是什么。我们看到了它优异的表现并称其为编程。一旦编好程序，计算机就可以像完美的钟表那样运转，无论输入什么数据，它都会产生完全可靠且可预测的输出——前提是程序员工作出色，数据也没有出错。

可以肯定的是，那时的计算机在处理数据的数量和复杂性方面都非常有限。但当时计算机看起来是那么势不可当，以至在 20 世纪 60 年代我们开始听到"信息超载"成为一种迫在眉睫的危险的说法。[27] 这就是为什么计算机看起来是一种符合当时生产文化的工具：人力资源数据库中的每个人都有一组相同的人力资源信息，而计算机库存系统中的每个产品也都有另一组统一的信息。计算机内存和处理速度有限，这些系统只跟踪所需的最少信息。因此，虽然 IBM（国际商业机器公司）内部人事系统会记录员工的姓名、社会保障卡卡号和工资等级，但它不太可能显示一个字段提醒大家，那个惹是生非的家伙有时穿着运动服而不是保守的蓝色套装来上班，或者会计部门的萨莎是一个认真学习弗拉门戈舞的学生。计算机是一个冷冰冰而又统一简洁的完美秩序领域。

1970 年，约翰·康威开发了一款简单的小游戏。康威在普林斯顿大学担任杰出教授 25 年之久，他撰写了从电信到粒子物理学等领域的多种开创性著作。2015 年，《卫报》称他为"世界上最有魅力的数学家"和"世界上最可爱的自大狂"。在其学术领域之外，他以《生命游戏》而闻名，这是一款"没有玩家，永远不会结束"的游戏。[28] 这个游戏可能没有玩家或赢家，但它有游戏盘、筹码和规则。

游戏盘是一个网格。每个方块代表一个人（用筹码表示）可能居住的空间。在每个回合中，4 条规则被应用于每个方块，以确定该方块是否会被放置筹码，规则是查看周围 8 个方块有多少已经被占据。[29] 游戏的一个回合是将规则应用于每个方块。这有点儿像法国贵族计算哈雷彗星的回归时间，结果却惊人地不同。

当这个游戏最初因马丁·加德纳的《科学美国人》专栏而出名时，算力还比较昂贵，以至人们只能用方格纸、铅笔和橡皮来玩《生命游戏》。[30] 除了费力，手动应用这些规则还会掩盖计算机在快速运算下清晰可见的事实：一些初始的筹码布局可以生成复杂到飞起来的模式。

大多数初始填充方块要么演变成了完全随机的模式，要么变成无趣的重复，比如，同样的两个方块会一直闪烁到时间的尽头。但是有些初始布局会演化成意想不到的形状：有些在一系列完全不同的模式之间无休止地循环；有些组成"宇宙飞船"或"滑翔机"，你如果按顺序观察，就会看到它们在页面上移动或发射"子弹"。直到今天，狂热的爱好者仍在试图发现移动特别迅速、迅速复杂化或"吃掉"靠近它们的其他形状的模式。甚至在2016年，也就是该游戏被发明的46年之后，人们仍在迫不及待地宣布新发现。[31]

这证明了这种仅仅以4条规则组成的游戏的深度和复杂性。重点是：康威的游戏告诉我们，简单的规则可以产生各种各样的结果，从无聊的、随机的、不可预测的，到扇动翅膀飞过页面的动画鸟。如果说在一个钟表式的宇宙中，简单的规则产生了简单且可预测的结果，那么在这个宇宙中，简单的规则产生了复杂性和惊奇。而如果让一个钟表装置产生这样的结果，那就不仅有问题，而且是不现实的。

《生命游戏》不仅仅是游戏。20世纪90年代初的哲学家丹尼尔·C.丹尼特认为，其背后的思想可以解释意识本身。[32] 技术专家雷蒙德·库兹韦尔认为，把简单的规则实例化的计算机程序将生成不仅能思考，并且思考能力比我们更强的机器。[33]《生命游戏》促进了数学家兼混沌理论家史蒂芬·沃尔弗拉姆对"新型科学"的研究，该理论将宇宙解释成一台巨大的计算机。[34] 沃尔弗拉姆使用这种方法——简单的规则和复杂的结果——来解释一切，从碎玻璃上的图案到树枝围绕树干的分布方式。

《生命游戏》甚至可能使拉普拉斯妖感到困惑。将你自己置于此妖的位置，游戏盘已经放好，部分筹码已就位。你如何把游戏盘带入下一个状态？将规则应用于方块1，并记录结果。然后是方块2。继续，直到你穿过所有的方块。但是现在，假设你这个万事通想知道游戏盘在2步、10步、1 000步中会是什么样子。即使是像你这样拥有超能力的人，也只有经历每一步之后才能得到答案。没有捷径，没有跳跃的方法，就算你是个无所不知的万事通也不行。（沃尔弗拉姆称这为计算不可约性的原理。）我们认为，我们在预测自己的生活和事业时可以向前跳跃，但在玩一款比井字棋复杂不了多少的游戏时却不行，这不是很奇怪吗？

《生命游戏》表明，拥有简单规则的宇宙本身不必像钟表那样可预测：钟表的每次嘀嗒之后都跟着一个嘀嗒声。相反，在宇宙中，随之而来的可能是叮咚声，或者是雾号的声音，又或者是黑麦面包的味道……而找到答案的唯一方法就是上发条，试一试。当微小的变化能产生巨大的影响时，即使知道规则，我们也可能无法预测未来。要了解它，就必须经历它。

尽管这种第三级预测意味着我们的控制力比我们想象的要小，但它也有一定的吸引力。我们很少有人愿意放弃互联网，而选择一种像以前的有线电视那样可预测的媒体。同样，在开放世界的视频游戏中长大的一代很少有人想回到街机游戏时代，在那个时期，有 1/4 的时间你必须左右移动你的虚拟游戏人物，同时要向一队稳步前进的低分辨率太空外星人射击，而这些外星人不可避免地会撞到你。谁会愿意放弃当今最好的、最不可预测的电视节目，以便我们可以回到 20 世纪 50 年代的电视机时代？

但是，当简单的规则生成的不是供人消遣的小游戏，而是全球性的威胁时，比如生物灭绝、地缘政治和气候灾难，我们仍然会出于两方面原因接受这种不可预测性。第一，这是不可改变的事实。第二，我们似乎自相矛盾地越来越擅长预测了。我们可以预测更远的未来，我们可以更准确地进行预测，我们可以在一些曾经认为无法预测的领域——包括社会领域——进行预测。

在某些领域，我们的预测能力越来越强，因为我们的技术——尤其是机器学习——并没有坚持将复杂性精简为少数简单规则，而是接受了远远超出人类理解能力的复杂性。曾经，当我们对这种复杂性感到无能为力时，我们会将其忽略，并把它作为噪声抛在一边。如今，既然深不可测的复杂性使我们的机器能够打破旧的预测界限，我们就能睁开眼睛，看到我们的生活一直处于复杂状态。

正如我们将在下一章看到的那样，我们新的预测引擎能够做出更准确的预测，并能在我们过去认为不受其影响的领域做出预测，因为这项新技术可以处理更多的数据，受人类对数据如何组合的期望的束缚更少，并且规则和互相作用关系更复杂，对初始条件更敏感。我们的新技术进一步启发了我们，让我们不再需要了解世界的运作机制就能做出预测。

预测机制的这种根本性变化，意味着我们对世界运转方式以及我们在发生的事件中所扮演角色的认识发生了根本性的变化。在下一章，我们将通过了解人工智能如何"思考"世界来探索这些变化。

## 尾声：意外王国

───────────

你正开车行驶在波士顿的住宅区。现在是冬天。街上的雪已经被铲过了，但偶尔会有一些雪融化后重新冻结产生的湿滑地带。所以你开始像外地人一样开车：缓慢并谨慎。

当你滑到十字路口的停车位置，操纵方向盘以防止汽车侧滑时，你感到车尾部被撞了——典型的小事故。你不会太生气。碰撞更像轻轻敲击，所以很可能你身后的车也在缓慢而谨慎地行驶。但路况很糟，你能怎么办？碰撞只是个意外。

将一个事件归类为意外，它就进入了一个有着特殊规则的意外王国。"这是偶然发生的"并不意味着没有原因，而是我们无法控制这个原因。因此，这不是我们的错。尽管很多意外事故都可以避免，但并非所有的事故都可以避免，意外王国的持续存在是必然的。

意外是正常中的例外。它们是"正常王国"未经邀请、往往也是不受欢迎的不速之客。在正常王国里，我们制订计划，并以一定程度的自信成功地完成计划。我们通常在规定的工作时间开始后 10 分钟内开始工作，但如果我们的车被撞了，或者地铁轨道停电了，我们就会觉得受到了意外王国不友好来客的拜访。

这两个世界有着流动的边界，不像古希腊人在完美有序的天堂和混乱的人间之间划出的界限那样清晰明了。在天堂里，太阳会照常升起和落下；而在地球上，混乱永存。如今，我们假设，我们对人类世界发生的事件的控制水平达到了历史新高（如果能起诉龙卷风，我们就真的会起诉），但我们仍然需要意外王国来解释为什么事情并不总是按计划进行。

使正常王国变得正常的原因不仅仅是它就是通常出现的情况。正常王国感觉就像是真实的世界，就是事情本来的样子，甚至理所当然就是那样。当我们谈到奇异的现象时，我们会说"这是不正常的"，我们不仅仅是在做统计观察。正常王国是我们的家园，而意外事件是家园的入侵者。

但如果正常王国是我们的家园，它就像一个完美的郊区社区，里面有修剪整齐的草坪以及精心打扮的妻子整日照顾孩子，还有准备好的马提尼酒，男人下班回来后就可以喝了。在这个设想场景的最后，我们发现它太完美因而不真实，太有性别色彩因而不可取。正常王国只是一种虚构，它完全忽略了那满大街使其成为可能的意外事件。

正常王国源于一种聚焦。意外看起来像正常的例外，因为我们围绕自己的计划定义了正常……我们只能对在某种程度上可控的事件做计划。即使控制程度不完美，我们也需要构建大规模的互联系统来做一些简单的事情，比如长途驾车。我们拥有带控制装置和仪表的汽车，它们能把我们的汽车与其他汽车隔开。我们有交通规则规定我们如何驾驶车辆，并惩罚那些违反规则的人。我们有沿高速公路散布的汽车旅馆，并且有爱彼迎填补市场空白。我们有全球定位系统（GPS）、信用卡系统和汽车转售系统，所有这些都是为了保证汽车旅行的可预测性。来自意外王国的罕见访客就像陌生人，因为我们一直在努力将其拒之门外。

与此同时，我们的跨国旅行出现了无数次意外：车道标志有多模糊不清，完全取决于哪些汽车在上面驶过，以及哪些卡车在上面刹得太猛而磨损了你刚刚驶过的车道标志边缘。标志牌边缘的草是由不知从何处而来的种子长成的。你经过的每辆车都是出于某些原因而去了某个地方，这些原因来自数十亿次的生物学、情感、政治以及刚好存在于这个时间和地点的运气。沥青是工人浇筑的，他们的靴子溅上了黑色的沥青，而事先谁都不可能勾画出这些图案。一个穿着这种靴子的工人在某个星期二惊讶地发现，他的午餐桶里多出了一袋薯片。

　　正常王国是一条崎岖不平的道路，穿过属于意外王国的无尽领土。我们的计划是近光灯，指向我们所看的地方，而剩下的一切仍然被笼罩在黑暗之中。

第二章

# 令人费解的模型

Chapter Two

# Inexplicable Models

## 第二章　令人费解的模型

　　如果不干这一行，在一只小鸡出生之后的五六周内，你就很难分辨出它是公的还是母的。如果你的公司靠卖鸡蛋为生，这可就是一个大问题了，因为对你来说，养不会生蛋的公鸡就是在浪费鸡饲料。

　　20世纪20年代，日本人发明了一种解决这个问题的技术。有两种方法可以确定小鸡的性别：检查小鸡的翼尖或泄殖腔——人们通常称屁眼。[1] 日本的小鸡性别鉴定师决定采用第二种方法，因为这种方法对很多品种的鸡都适用。（现在你应该明白了，美国全国广播公司2015年一篇报道的标题为什么是"小鸡性别鉴定师：没人想要的年薪6万美元的工作"。）但奇怪的是，雄性小鸡的泄殖腔与雌性小鸡的并没有明显的区别，至少不是随便一个人就可以明确指出或具体描述这种区别的。因此，学徒一开始只能糊里糊涂地看着屁眼猜测小鸡的性别，然后等一旁的专家告诉他猜得对不对。在用这种方式对成千上万只小鸡进行分类后，最终，不知何故，学徒居然能够正确地分辨小鸡的性别了，但仍然说不清楚自己是怎么区分的。

因此，正如理查德·霍西在一篇有关小鸡性别鉴定的哲学文章中指出的那样，训练人们鉴定小鸡的性别，不像训练士兵识别敌机，也不像教人们如何成为老练的观鸟者。[2] 飞机和鸟类具有鲜明的特征，你可以学着辨别：日本零式战斗机的翼尖是圆形的；知更鸟的胸部是橙色的。小鸡性别鉴定师没有什么可以明确说明的鉴别特征。即使你问他们，他们也无从解释。然而，一个训练有素的小鸡性别鉴定师每小时可以对多达 1 200 只小鸡进行分类（每 3 秒一只），并且准确率高达 98%。

哲学家觉得这很有趣。鉴于小鸡性别鉴定师预测的准确度如此之高（世界纪录是一小时对 1 682 只小鸡的性别鉴定准确率达到 100%），我们可以断定他们是清楚小鸡性别特征的。[3] 但是自古希腊以来，我们就认为知识不仅是真实的信念，而且能够得到有理有据的支持。[4] 说"我知道这是一只小母鸡，但我没法告诉你我是怎么知道的，或者为什么你应该相信我"，就

## 第二章 令人费解的模型

像说"我敢肯定下一张牌会是王牌，但我不知道为什么我会这么想"——这是一个教科书式的关于猜测与知识之间的区别的例子，即使事实证明这种猜测是正确的。[5]

但是商业化鸡蛋生产商并不关心小鸡性别鉴定带来的哲学难题，他们关心的是如何识别雄性小鸡，以便尽早将它们筛除，以免浪费饲料。由于人们不愿意以每小时盯着数百只小鸡的屁股为职业，我们可能会认为这个流程非常适合用传统的计算机方法将其自动化。

但事实并不是这样的。在机器学习这项技术出现之前，我们会给计算机输入鸟类的模型来教它如何识别鸟类。一个事物或系统的模型会列出其显著特征以及它们之间的关系。例如，对于一个旨在识别鸟类的计算机程序，其输入模型可能包括鸟类大全在其插图中指出的各种鸟类特征：喙、头部形状、身体形状和颜色、翅膀相对于身体的长度和形状、腿的长度以及与腿相连的脚的形状。该模型还规定了每个部位相对于其他部位的位置。如果计算机的目的是识别栖息鸟类的静态照片，那么这个模型不会费心地加入鸟类滑翔的方式或鸟类的声音数据。该模型还可能忽略鸟爪上是否有沙子，尽管这实际上可能是帮助我们确定其栖息地的一个线索。如果该模型能让计算机把鸟分到正确的类别里，并且使用的标准与人类观鸟者在争论他们看到的是绒毛啄木鸟还是多毛啄木鸟时的标准相同，这个模型就是有用的。如果模型想证明眼前的鸟是后者,"它的喙和头一样长"很可能是一个令人信服的论据,因为这恰恰是两种鸟类模型想告诉有争论的观鸟者的东西。

这正是小鸡性别鉴定师自己都无法提供的概念模型,也是想用传统的计算机建模技术取代小鸡性别鉴定师的程序员无法做到的。概念模型关乎一个系统的组成部分和其相互关系。工作模型是概念模型的表现形式,由原子或比特构成,你可以通过控制工作模型来观察系统的行为。在以前,教室里的太阳系模型是由代表太阳和行星的小球组成的,你可以转动曲柄查看它们的相对位置。这是一个有效模型,它比较精准地具象化了天文学家提出的每个行星的位置、质量和速度之间数学关系的概念模型。

传统的计算机可能会因小鸡性别鉴定师连概念模型都提供不了而束手无策,但是现在有了一种新型计算机程序。理论上,通过机器学习,我们完全可以在不编写概念模型的情况下构建一个鉴定小鸡性别的程序。我们将以训练小鸡性别鉴定师相同的方式训练它:向它提供许多小鸡以及它们对应性别的例子,然后让计算机自己找出两性之间的显著差异。结果将是一个很可能没有概念模型的工作模型。[6]并且,正如我们接下来将要看到的,这有可能颠覆我们作为人类对自己的一个核心假设:我们是一种能够理解世界运行机制的特殊生物。

## 工作模型，概念模型

好消息，我们现在不必再谈论鸡屁股了，因为手写识别技术已经成为机器学习的一个标准例子。[7]

传统上，在工作模型要以概念模型为基础的旧世界里，我们会告诉计算机手写数字的显著特征来训练计算机识别手写数字。例如，要识别8，我们就要让计算机去寻找两个圆圈的堆叠，上面圆圈的大小等于或小于下面的。在训练机器学习系统时，我们无须向计算机介绍8的几何形状，而是给计算机提供几千种手写8的示例。其中许多写法会违背我们在小学时的书写规则：圆画得有点儿斜，很少是完美的圆，而且许多圆因为人们匆忙地书写都没有闭合。机器学习算法会将这些扫描的样本分析成各种灰度的像素（因为我们的书写工具画出来的并不是完美的黑色线条），并且不会给出关于圆的规则，而是将新样本与其他样本中灰点的分布进行比较。如果新样本实际上是8，那么系统会给出8的概率很高，3或B的概率比较低，1或7的概率更低。

英国国家档案馆一直在用这样的方式来教计算机如何读懂用羽毛笔书写在古老文件上的字。这些字难以识别，并且随着时间的推移，它们已经发生了变化。志愿者从旧手稿中转录了6万个单词——整整一本书的厚度——作为机器学习的行话中的所谓标注数据：因为人类能识别这些笔画所代表的字母，所以我们可以非常确信这些标注是正确的。由欧盟资助的名为Transkribus的机器学习系统能对扫描的手稿进行分析，找出字母的各种写法，然后将所学内容应用于新手稿。这个试验项目的结果是，机器识别字符的正确率超过86%。虽然这意味着人类在进行该任务时更可靠，但我们的速度要慢得多。即使以Transkribus目前的准确率识别手稿，英国国家档案馆也认为该系统可使其收藏的手稿首次实现电子检索，而这将给广大研究人员群体带来更大方便。[8]

如今，具有不同准确率的机器学习系统可以识别照片中的面孔和物体，翻译100多种语言，识别有自杀倾向的青少年，并且——备受争议地——能被用于识别可能在保释期间逃跑的被告。以上事件的准确率各不相同，有时程序员并没有给出某个概念模型，有时机器学习系统会使用自己建立的模型，而这些模型过于复杂，人类无法理解。

当被用于对小鸡进行性别鉴定或推荐电影时，机器学习模型虽然很难被解释，但这也没什么太大的关系。只是，当我们用机器学习模型诊断一名女性患乳腺癌的概率，或者在审判结束时用它来给出量刑建议时，这种不可解释性就关系重大了。患者可能很想知道为什么机器断定她需要尽快手术，而被告可能很想知道他的种族是否与量刑有关。在类似的情况下，甚至在所有的情况下，我们是否以及如何限制这项技术的使用，现在仍存在巨大的争议。

无论我们如何解决政治、文化和思想斗争，它们都让我们越来越深刻地意识到，有时预测能力最强的恰恰是我们无法理解的模型。正如我们在上一章看到的，我们做预测的方式揭示了我们对变化背后本质的认识：可以通过向其献祭动物来为自己祈求好运的神灵，能让我们从茶叶的漩涡中解读未来的隐藏结构，或者用数学方程表达的亘古不变的物理定律。在本章中，我们将看到，在依赖模型进行预测时，我们不仅假设事件是如何发生的，而且假设我们本质上能够理解世界。这就是为什么我们希望，我们的工作模型不仅有效，而且能反映我们的概念模型。

我们在机器学习上取得的成功，让我们开始质疑这些假设。它向我们展示了一种全新的观察世界的视角，这种视角将改变我们对人类本质的认知。

## 我们能理解的模型

我们并不总是坚持理解我们做出的预测。例如，一些美国开国元勋每天都会记录天气以及他们认为与之相关的因素：植物何时开花，第一次霜冻，等等。他们希望这些汇总的数据能够揭示一些现象之间可靠的相关性，比如水仙花早早开花预示着一个潮湿的夏天。直到 20 世纪初，这种天气预报都比完全不做预测要好得多。

正如纳特·西尔弗在《信号与噪声》中解释的那样，这是一种统计预测：在数据背后有规律的假设下，我们搜集数据，并用它对未来做出有依据的猜测。[10] 西尔弗说，直到大约 30 年前，人们都是这样预测飓风的。至少在自然系统相当稳定的情况下，它运行良好。

我们在第一章讨论过，统计预测不需要威廉·比耶克内斯在 1900 年提出的那种模型。比耶克内斯的模型使用 7 个变量和牛顿物理学解释了全球天气的动态：相关因素由控制它们相互作用的规则联系在一起。[11] 但是有一个问题，即使仅使用 7 个变量，计算也非常复杂。1922 年，一位名叫刘易斯·弗赖伊·理查森的数学家花了整整 6 星期预测几年前某一天的天气，他收集了这一天之前几天的气象数据，然而预测结果与实际还是相差甚远。经过如此艰苦的工作，理查森计算出的气压还是高出实际 150 倍。[12]

近来，我们会追踪数百个变量来预测天气，以及预测气候的长期变化。我们借助 20 世纪 40 年代的计算机——电子数字积分计算机——花了 24 小时来预测第二天的天气。[13] 然而，在

第二章 令人费解的模型

机器学习之前，我们依赖于让人联想到拉普拉斯妖的模型技术进行预测：如果知道控制决定天气的 7 个因素的行为规则，并且拥有地球诞生以来某一时刻的数据，那么我们应该能够预测下一时刻的天气。

问题是，有太多因素会影响天气。事实上，西尔弗说："混沌理论的整个学科从本质上是从天气预报失败的尝试中发展起来的。"[14]毫不夸张地说，地球表面的一切都会在某种程度上影响天气。因此也就不难理解，为什么提到混沌理论，我们就会想到那个扇了扇翅膀就在数千英里①之外造成灾难性天气的蝴蝶。所以，借用上一章提到的术语，当我们想预测天气这种第三级预测复杂度的系统时，我们手上似乎也没什么好选项。我们可以依靠统计数据，并希望我们已经搜集了相关数据，并且未来肯定会重复过去的模式，就像天狼星归来后尼罗河会泛滥一样。或者，我们可以找出控制变化的规律，并希望该系统与我们使用的模型一样简单……还希望它不会受其他事物的干扰，比如，1883 年喀拉喀托火山喷发，该火山喷出的火山灰足以使四季整体降温，并使海洋在随后的整整一个世纪里变冷。[15]

比耶克内斯的 7 个变量天气模型的优势在于，它提供了一个至少可以粗略反映其概念模型的工作模型。但我们并不总是

---

① 1 英里 ≈ 1.61 千米。——编者注

如此执着于这一点。以下4个例子显示，成功的工作模型可能与我们的概念模型一致，也可能不一致。我们还将从中看到，机器学习很大程度上打破了我们的传统方法和对现象背后机制的古老假设。它甚至会动摇人类能理解世界的这种根本性假设。

**电子表格**

尽管计算机电子表格可以追溯到20世纪60年代初[16]，但它直到1978年才开始流行。那一年，在哈佛商学院攻读MBA（工商管理硕士）的丹·布里克林，被一个计算并购对财务影响的课堂作业搞得心烦意乱。单个变量一旦发生变化，他就必须重新计算所有的因变量，这可太烦人了。[17]

因此，在1978年春天，布里克林用游戏控制器代替鼠标，在第二代苹果电脑上制作了一个电子表格的原型。布里克林和其合作伙伴鲍勃·弗兰克斯顿决定不为该软件申请专利。随着个人计算机的兴起，电子表格已然成为企业自我理解与进行决策的重要工具：现在，企业自身的概念模型可以用电子表格作为工作模型进行具象展示，公司可以通过它看到一些外界的力量以及公司内部悬而未决的决策将会产生什么影响。

史蒂文·利维在1984年发表的一篇颇有先见之明的文章中

第二章 令人费解的模型

写道:"毫不夸张地说,电子表格的问世之于当代,不亚于复式记账法的发明之于文艺复兴。"[20] 他是对的。利维写道:"电子表格既是一种工具,也是一种世界观——通过数字看现实。"

对传统计算机来说,企业就是一个电子表格:一系列通过规则连接起来的数字信息。规则(公式)和一些数据(如固定成本)是相对稳定的。但有些数据变动频繁,如销售额、支出、员工人数等等。在个人计算机与电子表格的助力下,更新企业的工作模型变得如此便捷。一种全新的决策流程变得触手可及:通过改动电子表格上这儿或那儿的数据与规则,我们便可以看到企业未来不同的可能性。这使得它们与大多数传统模型大相径庭。传统模型专注于表现永恒不变的关系,比如物理中的牛顿定律与经济学中增税对储蓄的影响。电子表格鼓励我们尝试模型不同的可能性:你先"跑一遍表格",然后在不同的地方对数据和公式做出各种改动,看看会有怎样的结果。这是一个专门给你把玩与实验的模型。

电子表格向我们展示出,一个背后的概念模型完全可以被理解的工作模型是什么样的。轻轻在键盘上敲入一些数据与规则,它就会向你展示可能的未来。当然,这种预测是不精确的,它无法捕捉每个信息碎片之间的所有关系,并且根据这种模型做出的预测可能会被"黑天鹅"事件推翻。因为电子表格仅仅是工具,而不是对所有可能情况的完美封装,我们接受了工作模型与概念模型，以及概念模型与现实世界之间存在一定差距的事实。我们继续使用它们，原因正如乔治·博克斯所说："所有的模型都是错误的，但有一些是有用的。"[21]

## 浑天仪

佛罗伦萨的伽利略博物馆有一套漂亮的嵌套齿轮环，高6.5英尺①。[22]当代的我们如果仅凭外观去猜测这个复杂的机械装置的作用，就会认为它是某种钟表。但如果生活在它还被广泛应用的年代，我们十有八九就会知道它是用来演示夜空中主要天体的位置的。

经过5年的努力，安东尼奥·圣图奇于1593年完成了这个被称为"浑天仪"的物体。尽管46年前哥白尼已经证明了地球是围绕太阳转的，但圣图奇仍然把地球置于中心，7个代表已知行星位置的环环绕着它。第八个环上固定着各种恒星和12星座的标记。调整这个木制金属机器上的圆环，行星和固定的恒星就会调整相对于彼此和地球的位置。现在给它镀上金，在四面八方画上与你的赞助人美第奇家族有着千丝万缕联系的盾形徽章，以及上帝的形象，你就有了一个漂亮

---

① 1英尺=30.48厘米。——编者注

第二章 令人费解的模型

的房间大小的宇宙模型。[23]

根据不亚于伽利略的权威人士的说法，即使是圣图奇最终也接受了哥白尼的想法。[24] 但是，浑天仪宇宙模型的奇怪之处远不是它的地心说，而是它只用圆形来模拟天体的运行。这是因为，自古希腊人起，人们普遍认为，天堂是完美的，而圆形是完美的形状，所以天体必须以完美的圆形运行。但这样的话，要模拟行星的运行轨迹就很难了，因为盲人都看得出，它们在夜空中不是按圆形的轨迹绕着地球转的。"行星"这个词源于希腊语，意为漫游者。因此，浑天仪要忠实于其概念模型，它不仅要把行星放在相对于地球正确的位置上，而且必须按照宇宙"应该"运行的方式运行：走圆圈。因此，圣图奇根据需要加入更多的齿轮，设置了较小的齿轮，当围绕着本身就在转动的较大的齿轮运转时，它们就能准确模拟行星漫游的路径了。[25]

结果是，圣图奇创造了一个成功的工作模型，该模型使用了一个复杂的机制，这个机制由一个已经被证明是大错特错的概念模型决定。

这个概念模型中的错误也恰好使工作模型变得相当漂亮。

## 潮汐

"不像人类的大脑，它不会出错。"[26]

1914年《科学美国人》的一篇文章就是这样描述一台由黄铜和木头制成的总是出错的潮汐预测机的。它的创造者知道这一点。

牛顿证明了太阳和月球的引力是潮汐涨落的原因。但他的公式只起到了大致的作用,正如《科学美国人》那篇文章指出的:

> 地球不是一个完美的球体,它没有被深度一样的水覆盖,它有许多陆地和岛屿以及形状和深度不同的海上航道,地球没有绕着太阳做圆周运动,地球、太阳和月球并不总是在一条直线上。结果是,同一地点发生的两次潮汐很少是相同的,并且这些潮汐在时间和幅度上差别很大。[27]

乔纳森·怀特在他的著作《潮汐:宇宙星辰掀起的波澜与奇观》中指出:"有数百种这样的怪异现象,每一种都呼唤着海洋——有的大声、有的微弱、有的每4小时重复一次、有的则2万年重复一次。"牛顿知道,他忽略了这些复杂因素,但是它们太复杂了,无法解释。(很有可能他本人从未见过海洋。[28])

拉普拉斯再次比牛顿更好地应用了牛顿定律。他创建了公式,其中包括月球与地球以8年为一个周期的距离变化,月球在赤道南北的距离变化,海洋盆地的形状和深度的影响,海底的结构,水的波动温度和其他条件。[29]

## 第二章 令人费解的模型

虽然这给牛顿的模型增加了更多细节，但是仍然有大量其他因素影响着潮汐。又过了100多年，开尔文勋爵在1867年才提出一种预测潮汐的方法，此方法将所有因素都考虑在内，并且你无须知道这些因素都是什么。[30]

正如1914年《科学美国人》的一篇文章解释的那样，想象一支铅笔在海洋中上下浮动，并在一张纸上勾勒出一条曲线。在脑海中想象有许多距离相同的铅笔。现在，想象海洋静止不动，没有任何物体对其施加引力。最后，想象一下，地球上方有一系列虚构的太阳和月球，它们恰好处于特定位置，其引力可以拉动铅笔创造出那些曲线。如果想解释其中一条曲线，在合适的位置添加一个假想的太阳或月球，你就能获得预期的结果。正如文章所说，开尔文勋爵最终得到了"数量非常可观"的围绕着地球运行的假想的太阳和月球。如果增加海蛇能增加模型的解释力，想必开尔文勋爵就会把它们添上去。[31]

在查尔斯的兄弟乔治·达尔文的帮助下，开尔文勋爵计算出了表达这些假想物体拉力的公式，然后设计了一台机器，该机器用链条和滑轮将所有的力相加，并绘制出潮汐曲线。到1914年，它已经演变成《科学美国人》那篇文章提到的野兽：1.5万个元素加起来，可以画出一条线来显示任何时刻的潮汐。

实际上，用想象出来的多个太阳和月球环绕的科幻地球去模拟原本因为地球的地理、地形、天气和数百种其他因素形成的潮汐涨落，这并不是开尔文勋爵的创举。拉普拉斯也曾"设想了一个静止的地球，这些潮汐像卫星一样环绕着它"。[32] 开尔文勋爵的机器及其升级产品进一步提高了细节水平，同时开尔文勋爵承认，实际的潮汐还受到其他根本无法捕捉的因素的影响——融化了的漫长冬天的雪水的涌入、暴风雨的影响，以及地球承受的所有其他影响。《科学美国人》的那篇文章声称，该机器可能永远不会出错，因为开尔文的机器在当时工具和数据允许的范围内是最精确的，所以我们认为它的精确度是可以接受的……即便这一切都依赖于一个虚构的模型。

它通过建立一个工作模型来设定这种精确度，该模型有意地，甚至是疯狂地脱离了它的概念模型。

## 河流

1943 年，美国陆军工程兵让意大利和德国战俘建造了有史以来最大规模的模型：用 200 英亩① 的土地来表示美国由密西西比河连通的 41% 的国土面积。到 1949 年，该模型被用于模拟实验，以判断洪水泛滥对沿途城镇可能造成的影响。该模型使美国避免了 1952 年奥马哈洪灾可能造成的 6 500 万美元的经

---

① 1 英亩 ≈ 4 046.86 平方米。——编者注

## 第二章 令人费解的模型

济损失。[33] 事实上，一些人声称，这一模拟实验比现有的数字模型更准确。[34]

水还是另一种物理模型的核心部件：由新西兰经济学家威廉·菲利普斯于1949年建造的MONIAC（货币国民收入模拟计算机）经济模拟器。[35] MONIAC在透明管道中使用有色水来模拟凯恩斯主义经济政策的效果。水箱代表"家庭、企业、政府、经济体的进出口部门"，衡量收入、支出和国内生产总值（GDP）。[36]

尽管该模拟器有其局限性，但还是有效的。它所能包含的变量数量受到阀门、管道和水箱数量的限制，这些阀门、管道和水箱可以被安装在一个冰箱大小的设备中。[37] 但由于只考虑影响国民经济状况的相对较少的变量，它的准确性远不如密西西比河模型。然而，即使是密西西比河那样大小的河流，其水流也受到人类无法想象的各种变量的影响。那么，密西西比河模型是如何做出正确预测的？

密西西比河模型的优势在于，它不需要其创建者拥有关于河流运作方式的完整概念模型。例如，如果你想预测将巨石放在急流中会发生什么，你不需要一个完整的流体动力学模型，你只需要建立一个有效的比例模型，把一块小岩石放进一个小水流中。只要比例不重要，你的模型就能给你提供答案。正如美国陆军工程兵的高级水利工程师斯坦福·吉布森谈到密西西比河模型时说的那样："物理模型将自行模拟过程。"[38]

因此，这个工作模型可以处理更复杂的问题，因为它没有某个概念模型：它以一种可控和可调整的方式使用物理世界中现实存在的力。该模型不仅是一种符号化的模型，它还让真实的水流经更小比例的真实的巨石，所以结果不受我们所知的因素数量的限制。这就是MONIAC的问题：它只能在模拟中使用我们已知的因素。这么做就像把影响天气的因素缩减到7个已知因素一样。

尽管密西西比河模型似乎没有对影响洪水的因素做出任何假设，但实际上它还是做了。它假定在实际流域面积上发生的事情在缩小1/2 000的面积上也会发生，这对水动力学来说并不完全准确。例如，旧金山湾模型的创建者故意将水平和垂直比例扭曲了10倍，这样才能让水流顺利流过潮滩。[39]同样，密西西比河模型无法模拟太阳和月球的引力，也没有在地里种植小型农作物，因为该模型假设这些因素与其设计的预测无关。使用密西西比河模型模拟气候变化的影响或桨轮对藻类生长的影响可能不会得出可靠的结果，因为这些现象受模型之外因素的影响且对规模很敏感。

密西西比河模型不是基于密西西比河的明确概念模型构建的，而且它也不会产生任何概念模型。事实上，它之所以有效，是因为它不要求我们了解密西西比河：它让物理法则在模拟中

## 第二章 令人费解的模型

发挥作用，而没有对其施加人为限制。结果是，该模型比基于人类理论与理解而构建的 MONIAC 更精确。因此，机器学习的出现并不是我们第一次看到没有概念模型的工作模型。

但是，正如我们将看到的，机器学习正在指出概念模型这一概念本身的问题。有没有可能，我们提出的概念和它们尝试模拟的世界并不与我们想象的那般相似？毕竟，当涉及流域广阔的密西西比河时，最精确的工作模型中的物理水流，其深度远超我们对概念的理解。

＊ ＊ ＊

尽管所有模型——从电子表格到密西西比河模型——都存在重要的差异，但恰恰是它们之间的相似性最大限度地揭示了我们是如何在一个无法预测的世界中一路走过来的。

所有模型都替代不了真实的事物：浑天仪不是宇宙、电子表格不是公司、装满有色水的管子不是经济体。它们通过简化现实世界中的事物来完成替代。一个完整的潮汐模型必须涵盖一个完整的天气模型，必须涵盖工业对气候的所有影响，直到涵盖了整个大地与宇宙。模型会简化系统，直到它们产生精确度可接受的预测。

因此，模型假设人类能够识别与我们建模对象相关的元素：

决定其行为的因素、规则和原理。密西西比河模型甚至都不需要人们理解流体动力学的物理原理，但是它依然假设洪水受河流曲线和深度，而不是沿河生长的蓝色马鞭草是否开花的影响。这也意味着，模型假定了某种程度的规律性。浑天仪假定天体将继续沿着它们往常的轨道在天空中运行，潮汐预测机假定太阳和月球的引力质量将保持不变，电子表格假定销售总能让收入增加。

简化过程是由人类完成的，所以模型兼具我们的优势和劣势。优势包括，我们能够看到变化之下的秩序。但我们也不可避免地容易使用未经审视的假设，记忆有限，带有固有的偏见，并乐于将我们的世界简化到我们能够理解的程度。

尽管由于我们自身的缺陷，模型不可避免地存在不足，但是它们对我们如何理解和掌控我们的世界至关重要。它们已经成为一个帮助我们理解不断变化的世界的稳定框架。

## 难以解释

我们正在向一种新型工作模型过渡，这种模型不需要了解系统的工作原理，也不需要简化它，至少不需要简化到过去那种程度。这使得机器学习的兴起成为人类历史上最重大

## 第二章 令人费解的模型

的变革之一。[40]

在前言中，我们谈到了"深度患者"系统，它是一种机器学习系统，纽约西奈山伊坎医学院的研究人员向其输入了70万名患者的医疗数据。结果，它能够以超越人类的诊断能力预测疾病的发生。同样，谷歌的一个研究项目分析了216 221名成年人的病历数据。在460亿个数据点中，它能够预测患者住院时间的长短，患者活着离开医院的概率，等等。[41]

这些系统很高效，它们能给出精确的概率结果。但它们是如何做到的？

上述两个例子中的模型都使用了深度学习，一种可以在不被指示目标的情况下找寻数据点之间的关系的机器学习算法。该系统将计算节点连接成一个包含概率关系的网络，然后使用该网络（"一个人工神经网络"）一次又一次地完善这些关系。这样就形成一个数据节点网络，每个节点都有一个"权重"，用于决定其连接的节点是否会被激活。这样，人工神经网络就与真实的大脑神经网络非常相似了。

这些网络可能极其复杂。例如，"深度患者"系统查看了被分析的数十万患者中的每个人的500个因素，从而创建了一个包含2亿条数据的最终数据集。若要检查特定患者的健康状况，我们只需要通过网络运行其数据，就能预测该患者面临的医疗风险的概率。例如，"深度患者"系统非常善于判断哪些病人有患精神分裂症的风险，而人类医生是极难做出预测的。[42]

但是该系统并不一定会使用医生常用的医学判断线索进行预测，比如，刺痛与麻木可能是多发性硬化症的早期征兆，或者突然口渴有时是糖尿病的征兆。事实上，你要想知道"深度患者"系统是如何将特定人群归类为有可能患精神分裂症的，你就要知道，如此复杂的结构会包含很多变量，其中的复杂关系我们就算盯着看也看不出来。某些因素可能会增加患者罹患精神分裂症的可能性，但仅限于在和其他因素一起出现时，并且这些相关因素本身可能变化多端，就像单单看你的配偶穿得更正式一些并不意味着什么，但与某些因素相结合，可能意味着她更自信了，而与另一些因素结合，可能意味着她想谋求升职，或者她最近出轨了。背景变量的数量和复杂性意味着，"深度患者"系统并不能总是将其诊断解释为人类管理者能够理解的概念模型。

人类如果已经规定了机器学习系统寻找的特征，从机器学习系统中获得解释就容易多了。例如，总部位于加利福尼亚州欧文市的信息技术和服务公司 Bitvore 会分析新闻推送和公开文件，向客户提供与之相关的动态实时通知。为了做到这一点，它采用了数十种算法，可以查找超过 300 种不同类型的事件，包括首席执行官辞职、破产、诉讼和犯罪行为，这些都可能对财务产生影响。Bitvore 的总裁杰夫·居里说，这就像让数百名学科专家各自搜索大量的数据一样。[43] 当其中一个机器人专家发现与其专业领域相关的内容时，它会对其进行标记，并传递给其他人，其他人会添加这一知识更新，并将其与自己所负责领域的事件联系起来。这不仅为客户（包括情报机构和金融机构）提供了警报预警系统，还提供了与警报相关的背景信息。

Bitvore 的系统经过了精心设计，因此其结论对客户始终是可解释的。该公司的首席技术官格雷格·博尔瑟告诉我，有一次，系统将有关现金储备的消息标记为与市政府客户相关。这似乎不对，于是博尔瑟检查了系统，结果发现根本不是现金储备，而是葡萄园的"特别储备"葡萄酒，与 Bitvore 的客户无关。为了避免这种系统自身的错误，Bitvore 的系统经过设计，人们可以随时要求它做出解释。[44]

Bitvore 的系统并非唯一可以解释其结果的系统。美国个人消费信用评估公司费埃哲的评分与分析高级副总裁安德鲁·詹宁斯告诉我："由于美国和其他地区在法规上围绕信用评分有许多存在已久的规章制度，在建立信用评分系统时，我们时常需要权衡预测的准确度和合法性。"[45] 机器学习算法可能会发现——用一个虚构的例子来说明——阿米什人通常信用风险较高，但圣公会教徒则不然。即使这个例子属实，该信息也不能用于计算信用评分，因为美国法律禁止基于宗教或其他受保护阶层的歧视行为。信用评分公司也不得使用具有相同属性的替代数据，例如《阿米什周刊》的订阅者，或者某人每月的电费数额。

信用评分公司可以用来计算信用风险的模型还受到其他限制。贷方如果拒绝信贷申请，就必须提供申请人信用评分不高的原因。这些原因背后的情况必须是消费者可以解决的。詹宁斯解释道，例如，申请人可能会被告知："你的信用评分低，是因为在过去一年里你已经累计8次信用卡逾期。"这个情况是申请人将来可以改善的。

但是，假设费埃哲手动创建的模型对信用风险的预测能力不如机器学习系统，那会怎样呢？詹宁斯称，他们对此已经进行了测试，并且发现手动学习模型和机器学习模型之间的差异微不足道。但是机器学习的前景在于，有时难以理解的机器模型可能比可理解的人类手动模型预测得更准确。

随着此类系统变得越来越普遍，人们对其结果可理解的需求也在不断增长。不难想象，一个病人想知道为什么未来的"深度患者"系统的某些版本建议她停止食用高脂肪食物，或者建议她预先做子宫切除术。或者，求职者可能想知道，她的种族是否与她被排除在面试候选人之外有关。或者，一个业主可能想知道，为什么自动驾驶系统认为，当输电线在高速公路上发生故障时，最佳反应方案是让其中一辆自动驾驶汽车径直穿过她家的栅栏。有时，这些系统能够告诉我们在一个决策中哪些因素的权重最大，但有时答案将包含数千个因素的权重，而没有一个因素占主导地位。随着模型变得越来越复杂，且包含了其他机器学习系统的输出，这些系统可能会变得更加难以解释。

但这是有争议的。就目前来看，在大多数领域，开发人员通常以预测准确性为目标来开发这些系统，而无须保证其可解释性。尽管有很大一群计算机科学家认为，我们始终能够从机器学习系统中获得解释，但什么是解释，什么是理解，这本身就值得商榷。[46]例如，从牛津大学的桑德拉·瓦克泰、布伦特·米特尔施泰特和克里斯·拉塞尔提出的反事实方法中，我们就可以找出种族问题是否与一个人被机器学习应用程序置入"不投保"一栏有关：最简单的验证办法是，只需要重新提交一份只更改了种族的相同申请，如果审批结果发生变化，那就表明种族影响了结果。[47]虽然它仅仅给出了非常聚焦和最低限度的"解释"，这种解释甚至都称不上"理解"，但是这丝毫没有减少反事实方法的价值。

在许多情况下，如果这些系统的历史表现良好，我们就会接受它们的建议，就像我们会接受医生基于一个我们不能理解的有效性研究给出的建议一样。同样，我们中的许多人已经接受了手机上基于机器学习的应用程序的导航建议，虽然我们并不知道这些应用程序是如何规划路线的。医疗风险越高或越不方便，我们要求的成功概率越高，理由大致相同：很大一部分遵循此建议的人会过得更好。这就是为什么人类很早就开始通过啃柳树皮来止痛，即便我们数千年后才知道其中的有效成分是阿司匹林。

随着机器学习超越了旧模型的预测准确性，尤其是当我们面对难以解释的复杂性时，我们开始接受一种新的模型，一种反映了全新世界观的模型。

## 四种新的事件发生机制

假设在不久的将来，医生告诉你，你要减少钾的摄入量，不要再吃香蕉冰沙了。你想知道原因，医生的回答是，"深度医神（Deep Asclepius）"系统（我虚构的一个深度学习系统）推断你符合这样的人群特征——如果摄入过多的钾（这也是虚构的），那么在人生的某个阶段你罹患帕金森病的可能性会增加40%。

你可能会问："那是什么特征？"

医生就会解释："深度医神系统会查看一个人的1 000多条数据，而帕金森病是一种复杂的疾病，我们也不知道为什么这些变量综合起来会提示你有风险。"

也许你会在不询问医生原因的情况下接受其建议，就像你

## 第二章 令人费解的模型

往往在医生引用研究内容时就接受建议一样，你永远都不会去查阅这些研究资料，即使去查了，你可能也看不懂。实际上，深度医神系统的营销人员很可能通过把缺乏解释性的结果转变成一个积极的卖点，让之前的对话根本不会发生："和你一样独特的治疗方案……并且同样令人惊讶！"

诸如此类的偶然互动将挑战我们过去几千年创建模型的基本假设。

第一个假设是，我们曾经假设人类创建了模型：在许多情况下（但并非全部，正如我们所见），我们首先提出简化的概念模型，然后建立工作模型。但是深度学习的模型不是人类创建的，至少不是人类直接创建的。[48] 人类选择数据并将其输入，引导系统实现一个目标，人类可以进行干预以调整权重和结果。但是人类不需要告诉机器寻找特定的特征。例如，谷歌把包含哑铃的照片输入机器学习系统，以查看它是否能从场景中的其他事物里挑选出哑铃。研究人员没有为系统提供哑铃的任何特征，比如用杆连接的两个圆盘。然而，在一无所知的情况下，系统正确地提取了一个由一根杆连接着两个圆盘的图像。另一方面，照片还包括一只握哑铃的肌肉发达的手臂，这也反映了训练样本中的照片的内容。[49]（我们将在最后一章讨论这是否真的是个错误。）

深度学习提出的模型可能不是基于人类为自己构建的模型，

因此，它们对我们来说可能是不透明的。然而，这并不意味着深度学习系统可以避免人为偏见。众所周知，它们可以反映甚至放大数据本身的偏差。如果女性不被雇用从事技术工作，那么一个基于现有数据的深度学习系统可能会"学到"女性不擅长技术这一结论。类似的偏差还有，美国黑人比白人受到更严厉的刑事处罚，那么基于这些数据的训练很可能会延续这种偏见。[50]

这不是一个容易解决的小问题，至关重要的是，它现在已经成为人们关注、研究和开发的主题。

第二个正在受到挑战的关于模型的假设关乎模型的可泛化性，即我们的概念模型涵盖了不止一个案例，这也解释了模型为什么是模型。因此，我们倾向于用一般性原则或规则来构建它们：牛顿定律决定彗星的运行轨迹；降低价格往往会增加销量；至少根据古希腊人的说法，所有天体都做圆周运动。我们用原则构建更简单的规律来解释更复杂的特例。但是深度学习模型并不是在简化原则的前提下产生的，我们也没有理由认为它们总是会产生这些原则，就像 A/B 测试可能无法为如何使广告有效提出任何通用的规则一样。

有时，原则或者至少是经验法则确实会从深度学习系统中产生。例如，在一场著名的世界级围棋高手李世石和阿尔法围棋的比赛中，阿尔法围棋一开始表现得咄咄逼人，但是一旦接管了棋盘的左侧，它就变得谨慎起来。事实证明，这被认为是一种模式：当阿尔法围棋有70%的信心赢得比赛时，它的进攻性就会减弱。对人类棋手来说，这也是一个可泛化的启发式算法。[51]事实上，2017年，谷歌推出了一款程序，该程序让人类棋手和阿尔法围棋对抗，让人类可以向机器学习。[52]

更高版本的阿尔法围棋更进一步。程序员无须以人类的围棋游戏训练阿尔法围棋，而是仅提供游戏规则，然后让它自己玩儿。仅仅3天，该系统就已精通游戏，甚至能够百分之百打败之前版本的阿尔法围棋。[53]当专家研究谷歌发布的机器对战机器的游戏时，他们称这种游戏风格为"来自外星一般"。[54]

这难道不是事实吗？

如果这是事实，那就存在第三个假设：深度学习系统不必将世界简化到人类能够理解的程度。

当人类为自己构建模型时，我们喜欢找到支配建模领域的一般原则。然后，我们输入某些实例的详细信息，就能读出日食或月食的日期和时间，或者病人是否患有2型糖尿病。深度学习系统往往通过人工神经网络存储数据，以识别重要的因素（或"维度"），并辨别它们的相互关系。它们通常会这样重复好几次，有时它们只有通过了解前一次的重复才能理解各个片段之间的关系，而这可能已经超出我们的理解。

当我们向我前文假设的深度医神系统输入数据以求得到诊

断时，情况也是如此。在候诊室时，医院通常会要求患者填写一份3页的表格，而此系统不必局限于这么点儿信息，它可以根据其模型运行患者一生的医疗数据，甚至可以提取环境数据、旅行记录和教育记录，并指出可能会被忽略的关系（当然，这是在完全不考虑隐私权问题的情况下）。创建有效的工作模型不再需要简化规则了。

深度学习的成功向我们表明，世界不会被整齐地分割成几个事件，而这些事件也不能通过参考相对少数的永恒法则来预测。彗星穿过木星、土星和太阳的运行轨迹不是一个三体或四体问题，而是一个整体问题，因为正如牛顿所熟知的那样，每一种质量的引力都会相互作用。通过计算3个大质量天体的引力效应来计算彗星的运行轨迹是一种简便的近似方法，它掩盖了真实的外太空的复杂性。

当我们对机器现在所能做的事情感到震惊的时候，我们也在为自己早已知晓却常常忽视的事情感到惊讶：我们过度简化的旧模型仅是粗略的猜测，那不过是几磅重的大脑试图理解一个万物互联并互相影响的领域的尝试。

第四个假设，我们曾经假设我们的概念模型即使不是一成不变的，也是稳定的。一切都是相互联系的，这也意味着机器学习模型可以不断进化。因为我们的大多数旧模型都基于稳定的原则或规律，所以改变起来比较慢。托马斯·库恩1962年

第二章 令人费解的模型

在《科学革命的结构》一书中提到这方面的经典例子。库恩说，从历史上看，科学的总体模型（他称为范式）即便在难以解释的数据不断堆积的情况下也努力保持着自身的地位。[55] 某个时候——这是一个非线性系统——出现了一个适合异常数据的新范式，就像细菌理论取代了人们长期以来持有的疟疾等疾病是由恶劣空气引起的观念一样。但是，对机器学习系统来说，只要根据新数据对模型重新训练，它就可以不断演化。确实，某些系统是持续学习的。例如，我们的汽车导航系统基于交通的实时信息确定路线，并可以从数据中得知 128 号公路在下午 4 点左右会堵车。导航系统会引导人们在那时绕开 128 号公路，这时就会产生一个反馈回路，也许它能减轻拥堵。这些反馈使模型可以不断调整自身以适应不断变化的条件，并进一步优化自己。

正如我们将看到的那样，这揭示了我们传统的规划策略存在一个弱点，即机器学习模型的元素可能不具有我们在寻找合适的能撬动地球的"杠杆"时所设想的那种一对一的关系。如果一切事物都相互影响，且其中某些关系是复杂的和非线性的，也就是说，当微小的变化可以戏剧性地改变事件的进程时，那么此时微不足道的蝴蝶可以和杠杆一样重要。

总体而言，这些变化意味着，虽然模型已经成为能够对某件事做出解释的稳定框架，但现在我们还是通过尝试弄清楚我们的机器创建的模型来解释一些事情。

我们的旧模型和新模型之间唯一真正的连续性就是，两者都代表这个真实的世界。但是，其中一种基于我们的理解被创造出来，是一个通过降低事物的复杂性而起作用的过程。另一种是由我们创造的机器生成的，我们把自己认为值得注意的一切以海量数据的形式输入其中。但这两种模型的来源、内容、结构和规模千差万别。

## 解释的逻辑

"日本航空123航班在起飞12分钟后，机舱发出砰的一声巨响。"

1985年8月12日，也就是在起飞后的32分钟，飞机的右翼尖撞到了山峰，飞行员无法保持飞机的飞行高度。这架波音747飞机轰然坠落，途中3 000棵树被毁。机上的509名乘客有505人丧生。直到今天，这起事故依旧保持着单一飞机空难中死伤人数最多的纪录。[56]

由于当时夜幕即将降临，救援飞机无法立即进入事故现场，而且飞机残骸散落在直升机无法到达的山区，这使得来自多个组织和国家的调查人员面临的任务更加困难。但是，当一位幸存的空乘人员报告说，当巨大爆炸发生后，她从飞机的尾部看到了天空，此时调查人员便知道了调查突破点：密封飞机后部的压力舱壁。

对这些熟练的分析专家来说，撕裂的痕迹表明，事故源于金属疲劳。他们检查了飞机的维修记录，发现 7 年前飞机在着陆时撞到了尾部，需要维修。他们做出一个假设，并通过检查用于修理压力舱壁的铆钉的样式来进一步证实。在应该有三排铆钉的地方，只有一排。"波音公司没有更换整个舱壁，只更换了一半。"[57] 这给单排铆钉增加了额外的压力。每次飞机起飞和着陆都会给它增加压力。调查人员通过一项粗略的计算便可以知道：飞机在失事时已超出其能承受的起降次数的 5%，压力舱壁累积的金属疲劳达到极限，因无法承受气压差而破裂。

这样，飞机失事的顺序就相对容易理解了。压力舱壁爆炸，尾部的液压系统失灵，导致了灾难的发生。

这个事故包含了我们解释事物的所有经典元素。

第一，调查人员建立了一个模型来说明哪些因素是重要的。他们知道要检查压力舱壁上的铆钉，而不必关心航班的午餐供应了什么，或者某个空姐是否一直在打什么坏主意。相反，他们基于我们的飞机模型所嵌入的一组相互关联的模型寻找证据：物理定律、金属特性、飞机维修记录和飞行历史等等。

第二，调查人员实现了在该领域内解释内容的预期。飞机失事需要政府机构进行专家鉴定，并提供极为详细的报告。但是，如果你的车开始摇晃，一个词——"后轴弯曲"——就足够了。或者，当地的维修师可能会指出，如果是制造商的车轴故障导致了汽车摇摆，那么厂家应该保修。在这种情况下，一次快速的检查可能足以确定解释。无论细节如何，解释车轴断裂的原因与解释飞机失事、罗马帝国的衰落或者为什么你今天不再像往常那样光彩照人的逻辑都大相径庭。哲学家路德维希·维特根斯坦将这些视为不同的"语言游戏"，并提醒我们，不要认为所有的解释逻辑都是一样的。

第三，存在一条如此明显的规则，以至我们都不认为它是条规则：我们仅在有神秘因素的情况下才进行解释。如果我从冰箱里取出牛奶，并问为什么牛奶是冷的，你肯定不知道该怎么回答，因为正确的解释——"它在冰箱里"——对我来说一点儿都不神秘。不过，我如果刚从烤箱里把它拿出来，而它是冷的，这件事就需要一个解释了。

第四，我们需要一个解释是有原因的。波音公司想知道日本航空123航班为什么会坠毁，以便解决这个问题。遇难者的亲属想要一个解释，以便知道他们是否应该起诉航空公司。但是，如果我安静地坐在公共汽车上，我旁边的一个陌生人拍拍我的肩膀，开始不经询问地给我讲述伯努利效应，此原理解释了机翼形状在飞行中所起的作用，那么我会觉得她是个古怪的人，她不了解基本的解释逻辑，甚至分不清公共汽车和飞机。

第五，只有在认为需要解释的事情可以被解释时，我们才会寻求解释。像"为什么他这么年轻就死了"这种问题，几乎没有人会真正寻找一个解释，因为对我们许多人来说，它与"为什么他死了"这个问题的答案没什么不同："因为他被车撞了。"这既不是一种解释，也不是任何安慰。也许我们会回答："上帝以某种神秘的方式行事。"这虽然不算什么解释，但也算一种安慰。

简言之，解释是一种具有社会动机的社会行为，是按照服务于社会目的的规则和规范来进行的。什么才是解释取决于我们提问的动机，什么才是令人满意的解释取决于我们所处的领域：进行基础物理学研究、调查空难，或者试图从掉落的蛋奶酥中学到一个教训。

几个世纪以来，我们在不断地制定这些解释游戏的规则。它们被精妙地制定出来，而我们就像知道要用勺子喝汤一样本能地遵循着它们。

\* \* \*

如果我们想使用模型来解释战争的起因，那又会怎样呢？

我们的模型应该包括哪些因素？经济差距？文化价值观冲

突？弗洛伊德关于攻击本能和死亡冲动的观点？历史上男人的统治地位？为原始权力而斗争？这些模型引出了不同的预测因素：领导人的暗杀、经济的不稳定性、宗教的差异、统治世界的计划。实际上，它们中的任何一个都有可能引发战争。有时，这些因素的确引发了战争。但也有每个因素都存在却没有发生战争的情况。

  光有这些因素是不够的，没有一个特定的因素是必需的，每个因素只有与其他许多因素结合在一起才能形成"原因"。如果说希特勒发动了第二次世界大战，那么我们必须考虑一下让希特勒掌权的条件：欧洲的经济和军事关系使他认为入侵波兰是可行的，欧洲和世界各国对德国的文化态度，结束第一次世界大战的《凡尔赛条约》的影响，允许德国和其他地方征召士兵的兵役制度，德国和苏台德地区的历史关系，内维尔·张伯伦的性格对绥靖政策的影响，当时的艺术和娱乐所塑造的战争态度，犹太人的历史，波兰人的历史，法国人的历史，每个人的历史……

  简言之，所有战争的爆发可能都不存在一组共同的因素。即使有，在每种情况下，这些因素在与其他因素的相互关系中也具有不同的权重。

  用旧的假设去建立这种复杂的模型是极为困难的。但这就是深度学习假设的那种世界，尽管旧模型继续影响着我们在数据参数选择上的决策，但是新模型已经与本章介绍的传统模型截然不同。深度学习系统作为一种工作模型，其表现自然也可能大不相同，它会生成更为细微、因微小差异而产生连锁反应的结果。在现实世界中，一颗流弹、一罐变质的食物或是一个在第一次世界大战中患有传染病的战友，都有可能让年轻的一等兵希特勒无法幸存，自然他也就不会领导德国发起一场世界性的大灾难。

有时，我们会这样思考自己的生活：我们在错误的公交车站下车，遇到了我们生命中的至爱；或者错过了一家公司的求职面试，而这家公司后来变得极其成功或声名狼藉。但这些都是非同寻常的时刻，正因如此，我们才会把它们当故事来讲。更常见的是，我们会寻找解释和答案，以使事情进入我们的控制范围。这就是正常情况的正常之处。

我们知道世界是复杂的，但还是极其渴望世界足够简单，因为只有这样，我们才能去理解和管理它。深度学习不会受这种对立关系的影响。复杂性第一。但是，当我们试图着手部署深度学习系统时，这种对立再次变得非常明显，因为这些系统并不是按照我们传统的语言游戏规则来做解释的。诸如一些政策规定：欧盟要求人工智能在其结论对我们产生重大影响时，必须解释其过程，而且比我们通常要求非数字系统做出的解释要更清楚明白。除了"我们肯定撞上了什么"或者"那是一个有故障的车轴",我们并不指望自己能够解释车轴故障,但是,我们可能会要求自动驾驶汽车解释其在由道路上联网的汽车临时编排的道路芭蕾中的每一次变道。

人们对人工智能的这种解释性要求,很大程度源于传统计算机时代的思维定式,觉得计算机是一个高度可控的迷你世界。传统的计算机可以告诉我们它正在处理的所有数据,而且不会擅自处理人类没有让它处理的数据。但是,深度学习在从我们提供的数据中建模之后,并不总能告诉我们它是如何决策的。尽管仍然有一些人类控制的元素,即输入哪些数据、如何预处理这些数据、如何调试系统等等,但是深度学习可能无法满足"解释"的第一个要求:一个明白易懂的模型。

然而,即便是那些希望人工智能的输出像飞机坠毁报告的解释性一样强的人,他们也很清楚深度学习的工作原理。之所以想要这种强解释性,一个根本的原因是,他们想防止人工智能让我们有偏见的文化和社会系统变得比之前更糟糕。从充满种族主义的保释风险评估算法到人工智能翻译没有性别代词的英语(自动将护士称为"她",将程序员称为"他"),已经有大量记录显示,这些算法充满着令人震惊的偏见。[58]

防止人工智能重复、放大和强化现有的偏见是一个巨大且极其重要的挑战。当然,这种意识本身还是让人充满希望的,毕竟这意味着算法的不公平已经成为一个公认的问题,并

## 第二章 令人费解的模型

吸引了许多最优秀的人才去研究。如果本书的问题是"我们对新技术的使用是如何改变我们的世界观的",那么我们也许首先应该意识到,消除(或者甚至是减轻)我们数据中的偏见是非常困难的,这清楚地表明——万一有人有任何疑问——这个世界依然是极其不公平的。

我们对解释的坚持使另外两件事变得更加明确。

首先,我们以一种奇怪的方式认为,解释是对世界的解读。但是,对人工智能可解释性的争论,使我们不得不直面这样一个事实,即解释只是一个工具。我们通过解释来修理我们的飞机,确定我们的车轴是否在保修范围内,决定是否应该停止食用香蕉冰沙,或者确定种族不会影响量刑。当然,在某些情况下,就像 Bitvore 和费埃哲一样,我们希望人工智能只得出我们能够理解的结论。这种可解释性让人工智能对诸如法院这样的机构很有吸引力,因为在这些机构中,对系统的信任至关重要。我们必须努力厘清不同策略的优劣,而这将是一个混乱且困难的过程。

但是,无论想在各个不同的领域如何解决这个问题,我们都应该认识到,之所以要求人工智能具有可解释性,恰恰是因为我们开发出来的这些不可解释的"黑匣子"系统是非常有效的。如果它们没有更准确、更快速或两者兼备地做我们想要它们做的事情,我们早就不用它们了。因此,我们不断地告诫自己，那些超出我们判断能力和预测能力的系统也可能超出了我们的理解能力。

越来越多的人开始意识到，人工智能比我们人类更擅长解释世界，因为它们的模型更准确、更有用，而且经常能给出关于世界的更真实的描述（"经常"是因为从数学上讲，即便是能够产生最准确预测的模型，也有可能基于某些错误的因素）。[59] 即便如此，对解释的需求也能让我们认识到，深度学习模型的不可解释性直接来自世界本身。

## 尾声：优化胜过解释

在 20 世纪 70 年代的石油危机期间，美国联邦政府决定优化高速公路，将限速改为每小时 55 英里[60]，用较慢的行驶速度换取更高的燃油效率。同样，我们也可以用相似的思路优化无人驾驶汽车（更准确地说，是自动驾驶汽车）以达到我们想要的结果，而不用坚持要求这些机器学习系统具有可解释性。毕竟，如果解释只是一个工具，那么我们在使用工具之前应该先问一些更深层的问题：它能完成这项工作吗？它有多好用？我们需要权衡什么？还有哪些其他工具可用？考虑到我们的总体目标——在这里是我们的社会目标，这是本项工作的最佳工具吗？在我们为厨房挑选炒锅的时候，我们会问这些问题，但其实对解释这一工具也应如此。

打个比方，我们决定优化自动驾驶汽车系统，以减少美国每年 4 万起交通事故造成的死亡人数。如果死亡人数确实大幅下降——麦肯锡和埃隆·马斯克的特斯拉都认为死亡人数可以减少 90%，该系统就达到了优化目标，即使我们不明白为什么某辆车自己做出了某个"决定"，我们也会为这个目标的完成感到欢欣鼓舞。[61] 正如我们已经注意到，自动驾驶汽车的行为很可能会变得相当令人费解，尤其是当路上的自动驾驶汽车彼此联网并共同决定其行为时。

当然，自动驾驶系统的优化目标可不仅仅是减少交通事故中的死亡人数，我们可能觉得应该同时优化自动驾驶系统以减少伤亡事故，然后是减少其对环境的影响，之后是缩短驾驶时间，最后是让驾驶变得更舒适，等等。确切的优化目标的顺序是我们必须努力解决的问题，而且我们最好把这个问题的决定权留给公民，而不是留给自动驾驶汽车的制造商，因为这些都是影响公共利益的问题，应该在公共管理领域内由公众做出决策。

这并不容易。想要决定自动驾驶系统的优化顺序，我们需要先回答长期以来困扰我们的各种伦理问题。例如，事实证明，允许卡车以每小时 200 英里的速度行驶会略微增加死亡人数，但会带来经济繁荣，从而让更多人被雇用并降低儿童的贫困率，那么我们愿意牺牲多少条生命？或者，正如布雷特·弗里施曼和埃文·塞林格在《再造人类》中所问的那样，我们想优化交通，是否优先考虑那些有更迫切需求的人？如果是这样，我们是优先考虑去参加重要商务会议的女性，还是去观看孩子足球比赛的女性？[62]

拿最近的一个现实案例来说，2018年3月，优步的一辆实验性自动驾驶汽车在亚利桑那州撞死了一名行人。[63] 美国国家运输安全委员会的初步报告称，该自动驾驶汽车早在6秒前就发现了这个人，但由于其紧急刹车系统被故意禁用了，所以汽车没有停车甚至减速。为什么？优步表示，这样做是为了"减少潜在的车辆不稳定行为"。[64] 从表面上看，关闭在道路上行驶的自动驾驶汽车上的紧急制动系统显然是不负责任的，但我们需要权衡安全性与乘客乘坐时的平稳体验。

这种权衡似乎已经融入机器学习系统和物理学的交叉领域。自动驾驶汽车使用激光雷达不断扫描其周围区域。激光雷达扫描到的所有物体都被自动驾驶汽车的算法评估为可能的行动原因。这些评估有一定的置信度，因为这就是数据驱动的机器学习系统做决策的方式。那么，一个可能是行人的物体应该让自动驾驶系统刹车的置信度是多少？50%？没问题。为什么不是5%呢？也可以。如果一个物体有0.01%的可能性是行人，那么我们为什么不坚持要求自动驾驶系统刹车呢？

答案与我们不会阻止自动驾驶汽车在高速公路上以每小时超过 15 英里的速度行驶的原因相同，即使这种限制能够降低死亡率。随着我们所要求的置信度的下降，汽车会越来越频繁地紧急刹车。在某个时刻，乘客乘坐了一辆颠簸的福特 Bronco 汽车，在车里被颠得晕头转向，结果还是迟到了，最终的结果就是，他们决定永远不再乘坐自动驾驶汽车。因此，如果要部署自动驾驶汽车以获取其带来的重要的社会效益，我们就不得不在乘客舒适度与安全性之间做出权衡。

我们想让这些系统优化到什么程度，显然需要做出一些艰难的决定。但是我们一直在做着这样的决定。交警决定是否给乱穿马路的行人开罚单，以牺牲行人的便利性为代价来减少交通事故和人员伤亡。城市决定是否建立自行车道，即使这意味着机动车的行驶速度会变慢。区域划分的法规与权衡有关，关于预算、学校课程设置以及是否为当地运动队的胜利游行封闭主干道的决定也是如此。所有的决策都需要权衡——这就是为什么我们要做决策。自动驾驶汽车和其他机器学习系统将迫使我们做出逻辑更加清晰明确的决策。这真的是一件坏事吗？

的确，我们需要有这些对话和讨论。坚持认为人工智能系统是可解释的这听起来不错，但是它分散了我们对更难和更重要的问题的注意力：我们到底想从这些系统中得到什么？

在很多情况下（甚至是在大多数情况下），我们都应该坚持认为，即使人工智能系统不受公共法规的约束，我们也要公开其优化顺序。你使用的导航系统是否针对燃油效率进行了优化，让你在最短的时间内到达目的地，而且平衡了整个交通系统的负荷，或是优化了上述的某个组合？你的社交网络应用程序是为了让你与一小群最亲密的朋友保持深度互动，提醒你有人最近过得不太好，或是向你介绍新的可能的朋友？它的目标的优先级是什么？也许用户对此应该拥有一些发言权。

当系统能在其目标上做到透明时，我们就可以明确系统是否有效实现了这些目标。如果它们没有达到我们的社会目标，我们就可以追究开发者和管理人员的责任，就像我们要求汽车制造商对其汽车未达到排放标准负责一样。我们可以采取常规的激励措施（包括法律行动）来实现我们的目标——尽管有时我们深知自己的期望是不切实际的。

请注意，这一切不一定需要该技术是完全可解释的。

\* \* \*

但是，光是实现机器学习系统的优化目标还不够。

假设我们同意，我们希望自动驾驶系统能够大幅减少交通死亡人数。假设我们将其部署到位，每年的死亡人数从 4 万下降到 5 000。但是现在，假设在一两个月之后（或者最好是在部署系统之前进行模拟），很明显，穷人占受害者的比例非常高。或者假设某个筛选求职者的人工智能系统挑选了一组不错的候选人，但其中只有极少数的有色人种。实现优化目标显然是不够的，我们还需要约束这些算法实现目标的方式，以维护我们的基本价值观。系统需要被广泛测试并逐步部署，我们不能将其合格与否视为一种优化，而应将其价值观视为一种底线。

即使实现这种原则性的算法是公平的，算法的可解释性也不是必要条件。例如，固有偏见经常在无意中被带入人工智能系统的数据，因此数据的透明度——而不是操作的可解释性——往往是最好的手段：如何搜集数据？数据有代表性吗？是否已有效清除了有关种族、性别等不相关数据，包括具有相关属性的隐藏条件？数据是最新的吗？它能解释局部特殊性吗？回答这些问题对评估和调试机器学习系统至关重要。回答它们并不一定需要确切了解根据该数据创建的模型是如何工作的。

\* \* \*

至少在某些领域，有一些充分的理由让我们转向优化调试，而不是一味地坚持可解释性。

1. 这让我们从人工智能系统中获益，而这些系统已经超越了人类理解它们的能力。
2. 这样做将讨论集中在系统层面而不是个别事件上，让我们将人工智能与被其取代的程序进行比较，从而避免人工智能所引发的某些道德恐慌。
3. 这样做把"治理"问题转变为可以通过我们现有的民主程序来解决的社会问题，而不是把它交给人工智能供应商。
4. 这样做能将所谓的算法霸权置于人类、社会的框架之内,使其服从于人类的需求、意愿和权利。

通过将人工智能的管理视为优化问题,我们可以将必要的讨论集中在真正重要的议题上:我们想从算法中获得什么?为了获得它,我们愿意放弃什么?

第三章

# 超越准备：不可预测

Chapter Three

# Beyond Preparation: Unanticipation

我们早就知道，世界太大了，我们无法完全理解，更不用说控制它了。但长久以来，我们一直认为，混乱之下一定有秩序。在过去的几百年中，我们认为秩序是由支配复杂宇宙的简单规则组成的，这些规则足以解释整个宇宙。当不可避免的意外发生时，我们只需要将其归类为"意外事故"即可。

甚至在机器学习开始为我们提供不同的认知模型之前，旧模型就已经被20年的网上生活动摇了。考虑到互联网的功能和弱点，我们已经开发出非常合理的工具和流程，但其底层逻辑已经与我们表面上仍旧坚持的传统世界观大相径庭了。

我们在网络上的体验不仅重新训练了我们的思维，也向我们展示了打破我们过去做决策和计划的一个基本假设的好处。或许，要想在一个规模庞大、联系紧密的世界里蓬勃发展，有时候我们至少需要放弃对未来的预测和准备。

\* \* \*

亨利·福特花了十几年的时间销售了数百万辆汽车，除了拆除不必要的水泵，汽车没有任何改变。当工程师向福特展示一个升级版的原型时，他的反应是用大锤将其砸碎，然后一言不发地走了出去。亨利·福特是那种三思而行的典型——这种策略（或者可能只是一种性格特征）假设未来是可以预测的，而我们的新认知模型正在质疑这一点。[1]

福特设计的车无可挑剔，但这一过程并不容易。1906年，他开始了为期两年的设计过程。福特挑选了一小部分他熟悉并感到满意的工程师，他们在一个有黑板和金属加工工具的15英尺×12英尺的房间里组装汽车，因为福特宁愿手里拿着零部件，也不愿去评估纸上写明的设计规格。福特及其团队日复一日地致力于设计一款能够满足客户最基本需求的汽车。汽车上手必须简单，因为对大多数购买者而言，这将是他们驾驶的第一辆汽车。汽车底盘必须离地很高，因为它要在专为马车设计的有车辙的路上行驶。汽车的制造成本必须很低，这将便于生产和销售。

这款T型车被推出后，福特在19年里没有对其设计做过任何重大改动。当时，该公司已经售出1 500万辆汽车，革命性地改变了交通运输、制造业、中产阶级的定义，并让开放道路成为自由的象征。设计这款车的房间现在成为美国国家文化遗产。[2] 这是一个典型的美国式成功故事。

但是，T型车的设计过程也是旧石器时代的成功典范，因为其设计方法本质上与人类使用了数万年的方法是相同的。人类学家在南非南部海岸的一个洞穴中发现了7.1万年前的箭头，这种箭头的生产过程与福特那种死板的生产过程如出一辙：先找到一种叫作硅结砾岩的石头，然后生火加热这种石头，这样就可以用其他收集的岩石慢慢地削尖它。收集木头或骨头以制成支架，然后使用从特定植物中提取的树脂把箭头粘到木轴上，晾干。这是一个非常复杂而漫长的过程，以至有人觉得这足以证明，我们的祖先在那时一定已经开始使用语言来沟通了。[3]

福特设计汽车过程的细节当然与我们旧石器时代祖先的那种方式大相径庭，但两者都具备同样的基本元素：通过做预期并为之做好准备从而成功。

预期不必——通常也不需要——上升到一种预测的水平，在这种预期中，人们可以对未来的前景做出明确的表述。预期可以是我们在进屋前下意识地从口袋里掏出钥匙。或者，预期可以像福特那样深思熟虑，准确地考虑到客户希望他们的车有前灯，以便可以在晚上开车。

无论哪种方式，触发一些准备行动的预期都是我们与世界互动的基本方式。我们如果停止做预期和准备，就不会未雨绸缪，也不会防患于未然，这是我们做战略规划的核心，也是我们处理日常事务的核心。

例如，这就是为什么我的调料架上有一瓶40多年的塔塔粉。几十年前的某个时候，某种食谱——很可能是柠檬蛋白派——需要这种粉末，毕竟它不是那种我在超市里一时兴起会买的东西。不管当初因为什么，我都尽职尽责地将瓶子从一个公寓搬到另一个公寓，从一所房子搬到另一所房子，总是认为将其打包带走比扔掉更有意义。因为我永远不知道食谱何时需要加一点儿学名叫酒石酸氢钾的"香料"。

这是一种完全合理的策略。但这也有点儿疯狂，因为以这种频率，我可能到死都不会用到这瓶东西，那它就可以给我陪葬了。但我没有恋物癖，为什么我还要留着这瓶粉末呢？因为我在为未知的未来做准备。

这当然是个不错的策略，因为长久以来我们一直靠这种策略生存。但这样做也有一定的代价。否则，我们每个人都会拥

第三章 超越准备：不可预测

有一把温格 16999 瑞士军刀，这个巨无霸足足有 87 种工具，能让你充分准备好去做任何事情。你的高尔夫球鞋鞋钉之间有一块草皮？它的一个工具就是专门为此设计的。你需要调整你的瞄准镜？它也有这个功能。你想铰开凿尖、卸下鱼钩，或者夹出一支庆祝的雪茄？有，这些功能它都有。

那么，为什么我们并没有购买温格 16999 瑞士军刀呢？一方面是因为它的价格约为 1200 美元。但是，即使它是免费的，我们也不会把这把军刀挂在腰带上，因为它重 7 磅，宽约 9 英寸，所谓便携也只是字面上说说，并且我们需要两只手才能使用它，这使得你把它当螺丝刀使的时候会极其不方便，而且它的指甲钳对除你的脚趾之外的任何东西都没用。温格 16999 是一件收藏品，一个稀罕玩意儿，一个谈资，但不是真正的工具。尽管从字面意思上讲，一个配有瑞士军刀的童子军堪比只带着基本工具的 30 人小队。

温格 16999 告诉了我们未雨绸缪中固有的风险。过度准备是有代价的，每个额外的刀片（本身很有用），都会使刀更加难以操作。塔塔粉放在调料架上久了会落满灰尘。穴居人可能会浪费时间为一群从未出现的鸟准备箭。但是如果走向另一个极端，我们也会有准备不足的风险，就像一个穴居人做了 5 个箭头，然后遇到了 100 只缓慢飞行的鸟。最糟糕的是，如果穴居人准备好箭，却遇到了需要长矛才能制服的剑齿虎，那么我们可以说，一旦准备不当，结局就是死路一条。

即便是发达的社会也经常会无意识地准备过度、准备不足、准备失误。就像没有人会在乎调料架上放着一瓶没用过的塔塔粉一样，它会在一层灰之下默默见证我们的婚礼，我们孩子的出生，然后是我们孙子孙女的出生。直到有一天他们会问："爷爷，那瓶满是灰尘的罐罐是干什么用的？"我们不会把这视为一次未雨绸缪的失败，因为塔塔粉很便宜。但是，我们经常将更严重的失败视为做生意的必要成本。工厂在储备原材料时往往倾向于过度准备，因为缺少一个部件就会导致整个生产停止。当地的手工冰激凌店可能会准备不足，因为店主知道，即使草莓焦糖布丁味的卖完了，他也可以用一桶香蕉可可味的来替代，他不会因此失去任何顾客。

但是，过度未雨绸缪的成本可能是巨大的。准备过度和准备不足的问题同样令人震惊。比如，美国人扔掉了整整40%的食物和配料——相当于每年扔掉1650亿美元，因为人们一次做得太多，或者购买的食品或配料超过了保质期。[4] 1995年，在个人计算机蓬勃发展的高峰期，一项研究表明，与"供需失衡导致库存过剩"有关的成本……"相当于个人计算机业务的总营业利润"，库存过剩只是商业成本的一部分。[5] 同样，出版商也清楚其印刷量肯定会超过销售量，因此必须找到处理过剩库存而又不给书店增加负担的办法：在这种情况下，书商往往会撕掉平装书的封面，把封面寄给出版商，然后将书芯化成纸浆。

当评估我们亘古不变的未雨绸缪策略时，这些问题都不会受到重视，原因很简单，我们别无选择。

但是现在我们有了选择，我们可以采取随机应变的策略。

## 不预测的模式

在过去的 20 年里，我们的商业和生活中已经多次出现这种随机应变的策略。下面是一些非常有代表性、很重要且有时也是我们相当熟悉的例子。

最小化可行预期

2004 年，软件初创公司 IMVU 察觉到及时开发产品的紧迫性。因此，联合创始人埃里克·莱斯说，他们决定做"一切不符合常规的事"。在其 2011 年的畅销书《精益创业》中，莱斯解释道："与其花费数年时间完善我们的技术，不如制造一个最小化可行产品（MVP）……到处都是漏洞……然后我们在产品尚未准备就绪之前就将其送到用户手里。"他补充道："而且我们会为此收取费用。"[6]

IMVU当时正在开发一款即时通信软件，该软件可以在游戏玩家熟悉的虚拟三维空间中用视觉虚拟化身代表用户。用户能够创建和销售虚拟物品，从而把这个空间变成一个可以生活的世界。莱斯指出，在产品准备就绪之前就发货违反了老一辈产品人为确保产品质量而定下的所有最佳做法，但是，他写道："这些关于质量的讨论都假定公司已经知道用户将拥有产品的什么属性。"[7]这些做法假设公司能够预测用户的需求。

我们常常认为我们能做到。例如，IMVU假设用户希望能够移动他们的虚拟化身。但是，添加编程代码来实现动画行走相对来说比较复杂，因为这不仅意味着要完成图形工作，而且要创建路径发现算法，使虚拟化身从A点移动到B点而不会碰到系统无法预测的用户放入其世界中的物体。因此，IMVU在交付产品时甚至都没有提供最基本的动画。取而代之的是，用户不需要任何过渡动画，甚至不需要任何花哨的音效，就能将虚拟化身从A点"瞬间转移"到B点。

"你可以想象，当开始收到积极的用户反馈时我们有多么惊讶！"莱斯回忆道，"当向用户征求他们最喜欢IMVU的三项功能时，他们始终把虚拟化身的'瞬间移动'列入前三位。"许多人甚至明确表示，它比《模拟人生》那流畅的动画旅行更进了一步，而IMVU曾以《模拟人生》为此种类型的游戏可视化标准。[8]

IMVU 似乎运气不错，但其方法的真正优势在于，它其实不怎么需要运气。如果用户讨厌没有动画的游戏，那么 IMVU 将知道接下来要添加什么功能——不是因为运气好猜对了，而是因为真正的付费用户在抱怨。

IMVU 遵循的新战略是发布"最小化可行产品"，该术语是由一家产品开发咨询公司的联合创始人弗兰克·鲁滨逊在 2001 年创造的。[9] 最小化可行产品打破了通常的"设计、制造、销售"的顺序，即使是最早的石器时代造箭人也会遵循这一过程，只不过他们会用"放箭"来代替"销售"。或者，用我们的术语来说，它将"未雨绸缪"替换为"随机应变"。

即使是最努力的公司也很难预测用户的需求，因为用户并不知道自己想要什么。这不是因为我们的用户很愚蠢，而是因为产品非常复杂，只有通过实际使用才能发现它们如何才能更好地融入我们复杂的工作流程和生活。然后，实际使用过程会催生新的需求和想法。

这就是为什么当云存储初创公司 Dropbox 在 2008 年 9 月上线时，推出了一款只有一个功能的产品：用户可以在多台机器上处理同一个文件，而不会遇到任何性能问题。[10] 从那以后，Dropbox 根据用户的需求逐步增加了更多功能：可公开共享的文件、自动备份、协作编辑等等。Dropbox 不断从用户那里了解他们在实际使用中的真实需求，从而持续增加产品的功能。

　　Slack 的故事和 IMVU 相似。Slack 是一个聊天群组应用程序，它模仿一种传统的互联网服务——IRC（互联网中继聊天），它使人们可以创建"频道"，通过打字进行交流。在 2013 年上线时，Slack 的功能非常有限。随着越来越多的组织开始使用它，开发人员觉得有必要为现在可能拥有数十个频道的用户提供更好的导航工具。Slack 继续投入大量资源了解用户的实际需求。创始人斯图尔特·巴特菲尔德说，他们每个月会收到约 8 000 条帮助请求和产品反馈，以及 1 万条推文，"我们会回应所有的请求"。"无论什么时候，只要他们听到一些觉得确实不错的新想法，或者觉得确定是个很好的并且对我们来说很容易实现的想法，他们就会发布到 Slack 频道，我们在那里讨论新功能。这是每天都在进行的事情。"他补充道，"今天我们已经发布 50 条信息了。"[11]

　　在完全可以发布、学习和迭代的时候，你为什么要做预判呢？

＊　＊　＊

　　现在，最小化可行产品为许多业务部门所熟悉，甚至 2013 年的《哈佛商业评论》都介绍过这种方法。但是我们应该停下来记住最小化可行产品是多么违反直觉……或者直到这个策略成功改变我们的直觉前，它有多么反直觉。

至少自爱德华兹·戴明在20世纪50年代开始向美国人教授其管理方法以来，企业就一直致力于质量流程的系统化。20世纪80年代初，美国海军开始应用戴明的方法，并将其称为"全面质量管理（TQM）"项目。正如福特、摩托罗拉和埃克森美孚等公司所做的，"全面质量管理"是一种文化和组织上的承诺，致力于"做正确的事，第一次就做正确的事情，每次都做正确的事情"——就像亨利·福特一样。[12]

这看上去很正确且难以反驳，但事实并非如此。正如信奉者说的那样，对质量的强调往往导致人们努力将"最佳实践"系统化，因为"只有一种最佳的做事方式"。对于生产流水线上的重复流程，最佳实践——像泰勒主义的写字板和秒表——是情有可原的，当然，要除去它对工人的极度非人化管理的部分。但是，当最佳实践将统一的流程应用于特殊的情况时，就像这套流程在几乎所有非机械化的环境中的应用一样，所谓最佳实践可能会使我们错失良机或者效率低下。最佳实践也可能被当成形式主义，失去其效用。正如《追求卓越》的合著者汤姆·彼得斯所说："在一个变化如此之大的世界里……最佳实践能在多长时间内保持最佳呢？"[13]

最佳实践的诱惑源于它们所能带来的实际利益，但同时也来自我们前面所讨论的一条因果机制的误用：同样的因导致同样的果，但这前提是因确实相同。事实上，只有在最机械化的环境中，因才会足够相似，而即使是在那种环境中，紧急情况和各种新机遇也会不断出现，从而让最佳实践降级为次优实践，甚至灾难性实践。

当然，已经发布最小化可行产品的公司并不是不注重质量，即便它们靠着功能不全且可能有缺陷的产品向用户收钱。相反，它们反对这样一种观点，即以福特的方式实现质量：事先准确地知道用户想要什么，然后设计完美的程序，每次都能得到正确的结果。其实，向那些想要帮助塑造其未来的用户发布一个不完美或不完整的产品的做法，通常会带来一个更高质量的产品，并且该产品会受到用户的高度评价。

**应对不可预测的敏捷方法**

2013年，首位美国国家首席技术官安尼什·乔普拉目睹了美国政府医保网站（HealthCare.gov）的启动、崩溃和关闭。

他告诉我，"当该法案被通过时，它假设各州都将自行搭建保险交易所"，给各州人民提供注册保险的服务。医疗保险将成为每个美国人都负担得起、享受得到的服务，并且每个参保者都有选择权。联邦政府的职责是制定标准，以便各州的医疗保险网站可以与中央进行沟通。但是，部分由于党派之争，一些州让联邦政府为其创建网站。由于《平价医疗法案》规定的期限很短，政府没有时间完成常规的采购流程，而是规定允许在预先通过审核的供应商名单中招标。"真是匪夷所思。"乔普拉说。[14]

这些都是老牌的项目开发公司，其技术也很陈旧。它们使用传统的软件开发技术，开发出一个低效、缓慢、功能不全且完全不可靠的网站，这几乎毁掉了整个医保改革。[15]据美国全国广播公司报道："美国政府医保网站上线的第一天，仅有6人注册成功。"[16]

美国政府医保网站的转型始于白宫数字战略家梅肯·菲利普斯，他在推特上偶然发现了一个由新泽西州泽西城的设计师爱德华·马伦创建的医疗保险网站的样板。这个网站的易用性给菲利普斯留下了深刻印象。他邀请马伦来白宫帮忙设计网站。[17]随后，白宫雇用了一群硅谷的软件开发者，开始了后来被称为"技术飞跃"的计划。一群年轻的程序员搬进了乔治敦的一座巨无霸豪宅，开始用有效的代码替换之前项目承包商的软件，成本只有原来的1/50。[18]这种项目管理方法拯救了美国政府医保网站，之后它在新成立的美国数字服务公司和名为18F的联邦数字机构中受到了重视。

拯救美国政府医保网站的项目管理技术依赖于敏捷开发。

这是我们在开发产品的同时将预判的需求降至最低的另一种方式。传统的软件开发过程将项目仔细地分成几个阶段，每个阶段都有自己的时间表和里程碑。这被称为"瀑布"模型，因为在一些项目图中，任务由曲线箭头连接，就像瀑布一样。[19] 更重要的是，这种项目逻辑也和瀑布一样，一旦你完成一个步骤，它就如同飞流直下的瀑布，你没有办法让水再往高处流。这种单向流动似乎是可以接受的，因为正如编程史解释的那样："它被视为福音……你花在计划上的时间越多，写代码的时间越少，代码写得越好。"[20]

当你用零部件组装Ｔ型车模型时，这个逻辑也说得通，但它无法利用电脑和互联网带来的优势。软件的开发可以在一个开发人员网络中进行，这些开发人员可以同时协作，而不必依赖于那些试图预测每个功能和每个步骤的过度规划。但是，这样做需要重组代码，将其分解成小的功能单元（模块），每个模块都能接收数据，可以进行操作并输出结果。例如，一个模块可以录入用户名和密码，然后判断该用户是否已注册并输出结果。另一个模块可能负责录入用户的年龄和个人资料，并输出精算预测。其他开发人员无须知道模块的开发人员是否已修改了其算法，只需要持续输入和输出——就像餐馆的顾客不需要担心厨师是否在使用新的油炸锅一样，只要输入（"我要点洋葱圈！"）就会获得同样美味的小菜。

一位开发人员解释了为什么95%的公司都在做敏捷开发："瀑布模型假设人们可以在自己的头脑里对整个流程进行建模，这种建模足以规划出一个项目的起点和终点。"[21] 敏捷开发在实际落地中效果更好：某人如果对某个功能提出了新想法，就可以依靠现有的模块快速实现。敏捷开发之所以起作用，是因为它最大限度地弱化了预测和计划的作用。

敏捷开发的历史可以追溯到20世纪90年代，其根源可以再往前追溯几十年，但是随着极客文化的传播，它已经远远超出单一的专业领域，其背后富有革命性的底层逻辑现在正变得深入人心：即使国家医疗保险计划这样规模巨大的项目，也可以通过绕过过于严格的规划而获得成功。

随机应变的平台

这种随机应变的策略不仅出现在产品的开发阶段——发布前（敏捷开发）和发布后（最小化可行产品），而且出现在赋能用户的技术架构中。

例如，脸书最初的首席运营官谢丽尔·桑德伯格在2011年告诉奥普拉，她在2008年看到一个人力资源信息库列出了3万名脸书开发人员的名单，可是那时脸书总共雇用了约2 600人，所以她感到很困惑。[22]

然后，桑德伯格明白了这是怎么一回事。

尽管早期版本的脸书沿用了传统的方式来预测并满足早期用户的需求，但马克·扎克伯格早就有一个秘密计划。随着脸书开始走出哈佛校园，脸书发布了一项新的照片分享功能，这项功能的体验远远滞后于专业的照片分享服务，然而用户却蜂拥而至。扎克伯格意识到，这并不是因为这个功能特别出色，而是由于脸书真正理解了用户的社交网络，从而使用户更愿意分享照片。

脸书称其用户及其网络的综合数据为"社交图谱"，扎克伯格知道，这非常有价值，不仅因为脸书会将它用于各种用途，还因为脸书根本无法想象它的所有用途。即使大家都非常聪明，也没有哪家公司或哪组开发人员能够做到。既然如此，那么为什么不让每个人都试一试呢？

事实上，扎克伯格明白，无论脸书是否允许，开发人员都可能会利用脸书用户的"社交图谱"。毕竟，扎克伯格最早的一个项目——一个可以显示其他学生是否已经注册某门课程，以便他们决定是否选修该课程的应用——就使用了在没有征得哈佛学生同意的情况下搜集的数据。[23] 然后是扎克伯格创建的Facemash（脸书的前身），一个能选择"性感与否"的应用，让学生们比较哈佛大学女学生的照片，来评选美女。这自然让扎克伯格在学校陷入了麻烦，不仅仅因为其彻彻底底的性别歧视，还因为扎克伯格未经许可，通过黑客技术获取了哈佛大学12栋宿舍中9栋入住学生的照片。《哈佛深红报》宽容地将这种行为称为"游击计算"。[24]

因此，尽管脸书2007年推出的开源开发平台——名为F8——可能令世界感到惊讶，但是它与扎克伯格的理念是一致的。该平台提供了一个在线界面，世界各地的软件工程师都能够使用脸书软件服务和社交图谱数据来创建自己的应用程序。当然，脸书并不会让这些人无限制地访问其用户的所有私人数据或网站的所有内部功能，但是开发者可以获取足够多提供服务所需的用户信息，而其不仅不必为脸书工作，甚至无须征得脸书的同意。

庞大的开发人员群体使得这个平台非常成功，这曾让桑德伯格困惑不解。她意识到，这3万名开发人员绝大多数并没有在脸书工作，即使他们一直致力于创建基于社交图谱的新应用程序。在开源开发平台启动后的6个月内，他们已经创建了2.5万个新应用，一半的脸书用户至少使用了其中的一个。[25]

在第一次调查开发人员提交的应用时，扎克伯格发现大多数应用似乎都很琐碎。但他很快意识到，即使只是一个愚蠢的游戏，也可以帮助脸书实现其公开宣称的（但并非总是实际执行的）使命——让世界连接更紧密。并且，仅仅向开发人员开放平台就创造了巨大的经济价值：该平台启动两年后，在脸书上开发应用程序的公司的总价值大致相当于脸书自身的价值。

　　2007年，当脸书推出自己的平台时，开源平台已经不是一个新概念。但是，互联网上最重要、信息最丰富的网站之一创建了开源平台，这可是一件大事。正如《财富》杂志的技术主编所说，这带来一场"开始改变世界对脸书看法"的"突破性的转变"。[26]

　　这也是一个重大进步，使我们的文化摆脱了数万年来对预测的依赖，使公司和组织——无论是营利性还是非营利性组织——认识到公开一部分资源可能会产生意想不到的经济和文化价值。

* * *

　　开源平台的好处很多，而且效果往往非常显著。

## 无处不在

　　与21世纪的大多数报纸一样，《卫报》正在努力向数字时代转型。因此，当马特·麦卡利斯特在2007年来到这家报社时，他发现管理层很愿意听取他的提案：为了增强网络影响力，《卫报》应该推出一个开源平台，让外部开发人员可以轻松地从中找到相关内容，并将其整合到他们自己的网站中，而不需要跨越管理上的障碍。麦卡利斯特告诉我，他认为，"媒体机构需要跨界，需要无处不在，需要出现在读者所在的任何地方"。[27]

这种平台在技术上被称为应用编程接口（API）：将程序对信息的请求转换为后端服务器能够理解的语言的软件，反之亦然。同样，API 的战略性使用是维基百科成为十大访问量最大的网站之一的重要原因。API 提供了对维基百科所有内容的访问，包括对类别、链接、"信息框"以及更多更丰富的内容的访问。例如，一个音乐网站可以使用维基百科的 API 获取某个音乐家传记的第一段内容，并用于自己的网站，而无须得到许可。这是维基百科成为众多网站的首选信息来源的原因之一。

## 弹性

与许多采用开源平台的组织一样，《卫报》采用开源平台还有第二个动机：一个组织的技术基础设施——包括其软件和程序——基于此方法会更具韧性。例如，当你在《卫报》上搜索内容时，搜索请求会转到 API，API 会将其转换成《卫报》后端软件能够理解的形式。然后，API 从数据库中获取结果，并将其转换成网站可以理解的形式。同样，当你在《卫报》上登录你的账户时，API 会将你的姓名和密码发送到验证用户身份的模块。《卫报》和其他许多网站都使用 API 来实现这一内部目的，因为这意味着，如果它们改变了站点验证登录的过程，那么依赖于此功能的其他内部服务将无须更新。这使得网站可以轻松开发新服务并支持新设备。

例如，当苹果公司仅给美国国家公共广播电台（NPR）几周的时间来为 iPad（苹果公司平板电脑）的首次发布创建一个应用程序时，NPR 拥有 API 意味着其开发人员无须编写新代码就可以处理 NPR 内容库的搜索、用户身份验证以及其他功能。新 iPad 应用程序的用户界面可以要求 NPR 的 API 来提供这些服务。

于是，NPR 在期限内完成了苹果公司的要求，使其在发布会上成功亮相。

**产品增值**

1981 年，《德军总部》这款游戏在第二代苹果电脑上发布，随后又在微软 DOS 操作系统、雅达利和康懋达 64 上发布。它的图形在当时是最先进的，然而按照今天的标准来看，它们原始得让人难以置信：你控制你的小方块状角色在走廊和房间那自上而下的地图中穿行，遇到向你发射像素子弹的小方块状纳粹士兵。

随后，在 1983 年，一些用户觉得他们虽然喜欢这款游戏，但对纳粹主题并不着迷。因此，他们在自己的计算机上更改了游戏的图像文件，用蓝精灵取代了德国士兵。他们改编了音频文件，让敌人听起来不是德国人，而是蓝精灵。[28]《蓝精灵总部》就是《德军总部》，只不过里面的角色穿上了蓝精灵的蓝色外衣。这种黑客行为在当时比较简单。实际上，20 世纪 90 年代早期，我就用我粗糙的技术把《德军总部》当时的版本变成了"未来文档管理软件"的样板，你可以用它直观地浏览查找文件。它在我们的年度用户大会上很受欢迎，因为它实在太滑稽可笑了。

20 世纪 90 年代早期，这种被称为"游戏模组"（modding）的做法从一种黑客行为变成一种游戏功能。游戏公司开始支持用户为游戏创建新的地图或关卡、新功能，甚至新规则。例如，1996 年 id Software 软件公司发布了其热门游戏《毁灭战士》的一个版本，其中包含用户设计的关卡。如今，一些游戏公司为用户提供了与内部开发人员使用的工具同等的访问权限。对用户而言，知道有无穷无尽的游戏模组可以玩，这就让购买游戏变成一种划算的消费。

现在的个人计算机游戏流行通过赋能用户来创建开发者自身都想不到的内容：《侠盗猎车手 5》自发布以来已经赚了 23 亿美元，部分原因是游戏模组保持了游戏新鲜感，从而提高了游戏的价值。[29] 除此之外，游戏制造商还通过将用户视为内容创作者来增强他们之间的情感连接。

其他行业也在走同样的路。例如，最早的智能手表公司之一 Pebble 提供了开源开发环境，使用户不仅可以创建新的表盘，而且可以创建应用程序、游戏，偶尔还可以共同创建艺术项目。在美国科技公司 Fitbit 最终对 Pebble 的收购中，Pebble 的开源开发环境起到了重要作用。[30]

一直以来，游戏都是我们了解世界如何运转的第一课。新一代的游戏玩家正在学习一组有关规则的新规则。

## 工作流集成

在 Slack 的应用商店中，你可以找到 18 个类别的数百个免费应用程序，包括分析、客户支持、健康和医疗、人力资源、市场营销、办公室管理、项目管理、销售和旅游等。许多最重要的应用程序将 Slack 集成到现有的工作流中。例如，Tact（美国一家公司）的应用程序将 Slack 集成到主要销售人员管理系统中，而 Airtable（一家美国公司，为企业和普通用户提供效率办公平台）将 Slack 集成到数据库管理系统中。这类应用程序将 Slack 更紧密地融入现有的商业生态系统。

这对 Slack 而言意义重大，因此，该公司设立了 8 000 万美元的基金，帮助开发人员和小型公司开发 Slack 想象不到的应用程序。该公司在公告中宣称："我们期待我们的投资组合能吸引各种各样的企业家，他们致力于为世界上各行各业、各职能部门和各个角落的团队解决问题。"[31] 每个问题的解决都会使 Slack 变得更加不可或缺。

Data.gov 是奥巴马政府成立之初建立的一个网站，提供超过 20 万个政府数据库的开放访问。美国代码组织（Code for America）的创始人兼奥巴马政府的联邦政府副首席技术官珍妮弗·帕尔克告诉我："一些没有人想到会受欢迎的（政府）数据库已经被大量使用，比如消防栓的位置、暴雨排水管道的分布以及海啸警报系统。"[32] 例如，美国代码组织编写了一个"认领警报器"的应用程序，让当地夏威夷人注册，以确保岛上数百个海啸警报处于良好的工作状态——这是一项很有意义的服务，因为警报器每月都有 5%~10% 的故障率。[33]

一家大型科技媒体公司的负责人蒂姆·奥雷利认为，政府本身就应该基于这种开放模式开展工作。他用"政府即平台"来概括这一理念。[34] 就像 API 一样，政府应该是一套可供公民使用和扩展的服务，这样我们便可以创造我们需要的东西，而不必总是向政府请愿让其为我们提供服务。这样做的目的是让政府完成其为公民服务的使命，它不必预测和提供公民可能自认为他们需要的每一项服务。奥雷利的想法在奥巴马政府有很多支持者。

**将随机应变策略往上游延伸**

扑克牌制造商永远都不会知道顾客是要用一副牌去玩"钓鱼"的纸牌游戏，还是用它去支撑一张摇摇晃晃的桌子。比吉斯乐队无法知道人们购买《活下去》这首歌是为了做迪斯科伴奏，还是为了训练人们更好地找准心肺复苏术的节奏。制造商无法预测其产品的所有用途，但他们应该认识到，预料之外的用途代表用户从产品中获得了意外的价值。开放平台可以有意地让这种良性的意外更进一步：有时用户可以在产品组装之前使用这些零部件，就像亨利·福特让人们从装配线上取下零部件，用它们来制造新的汽车、风车和意大利面条机一样。

《纽约时报》利用 2014 年一篇文章背后的数据设置了上游代码库。[35] 在密苏里州弗格森，数千人走上街头抗议警察对非洲裔美国人的暴力行为，《纽约时报》随后发布了原始数据，表明了军方向当地警方转移装备的信息。它这样做是为了让人们可以分析数据，检查数据，查找有关当地警察的信息，或者试图发现可调用的军事装备与警察滥用暴力之间的相关性。随后，令《纽约时报》惊讶的是，人们开始完善数据，报告错误，并将其编写成更有用的形式。[36]《纽约时报》现在有一个网站——The Upshot，专门存储其报道背后的数据，因为你永远无法知道人们会在这些数据中发现什么或如何利用这些数据。这个数据存储网站的建立，就是为了向上游扩展随机应变策略。

不过，故事远不止这些。The Upshot 是由开源项目托管平台 GitHub 托管的。GitHub 是全球开发人员使用的站点，它可让团队进行流畅敏捷的协作。开发人员能够以公开的方式将代码发布到网站上，因此，人们无须事先征得许可就可以重复使用或修改代码。此外，如果你在自己的项目中重复使用其他人的部分开源代码，GitHub 就会记录下来并将其公开。如果原始开发人员合并了你所做的更改，那么 GitHub 也会记录下来。这不仅给了贡献者应得的赞誉，也为代码共享创建了一个生态系统。因此，GitHub 已经成为一个巨大的代码和代码片段上游代码库，能够以一种完全无法预测的方式被使用：2017 年 9 月，GitHub 拥有 2 800 万用户，并托管了 8 500 多万个项目。[37]

当我与 GitHub 的首席科学家阿尔丰·史密斯交谈时，他告诉我，尽管 GitHub 最初是为软件开发人员而建的，"但事实证明，这个平台更常被用于源仓库代码同步"。[38] 根据史密斯的说法，到 2014 年，人们开始使用 GitHub 共享并改进织物图案、搜集上门维修程序、组织婚礼,并共同撰写论文。史密斯高兴地说:"人们在分派鸡尾酒配方。"他指的是改变别人的代码以创建新事物的过程。

GitHub一开始就允许开发人员不去预测他人如何使用他们的代码。GitHub拒绝预测哪种类型的项目可能会从上游代码库获益,而这使其影响面远远超出软件开发领域。

\* \* \*

正如这些技术的成功所表明的那样,一旦拥有实现替代策略的工具和技术,我们用旧方法做事情付出的真正代价就变得显而易见了。

## 为自发性做准备

拥抱不预测并不意味着我们必须告别所有的预测和计划。

蒂姆·奥雷利的第一次封闭式邀请的非传统会议的合作者兼制作人萨拉·温厄说:"这次活动的设计既有对某些细节的挑剔聚焦,又有对其他细节的乐观放任。"(这和蒂姆·奥雷利支持"政府即平台"的想法是一样的。)"我确实认为,我们发现了一个非常好的系统，它能处理足够多的东西——包括物理基础设施与社会规范，参与者能够对时事有所了解，并认识到他们有责任让社会变得更好。"[39]

要达到这样的效果，就意味着奥雷利的组织必须进行多次讨论，讨论内容包括邀请谁，允许同时进行多少场会议，是否在讨论区放置白板，是否所有与会者第一天晚上都要参加破冰活动，可用房间大小和会议频率，以及与会者是应该直接在日程白板上书写还是使用便签。

温厄清楚地记得一次特别的讨论。即使与会者五花八门，又有许多陌生人，她也强烈主张姓名牌不应该列出与会者的工作单位。她承认，不列出工作单位会使一些人"烦躁不安"，但"这强化了一个观点，那就是活动是关于在场的人的，而不是他们为之工作的组织的"。另外，这有点儿像社会工程学："如果想知道某人在哪里工作，你就得问他。"

简言之，极客的封闭式会议是一项精心策划的活动，旨在促成无计划的讨论。

我们已经认识到，在通常情况下，促成非预期的事件需要这种深思熟虑的预期。简单地开放应用程序接口或者发布开源软件，然后寄希望于人们自然而然地经常用它，这往往并不管用。例如，许多新闻媒体的应用程序接口未被充分利用，有些甚至已经被关闭。只要人类为了获得Y而做X，随机应变策略就永远不会完全取代旧的未雨绸缪策略。我们仍然会补给食物。当地的剧团仍会为观众准备足够多的节目。企业仍将盘点库存，并为节日促销做好准备。然而，世界上还是有一些新事物在出现：我们越来越愿意放弃控制权，以便让我们无法预测的有价值事物出现。

因此，我们认识到，创造一个远远超出我们控制范围的未来，可能是一个令人惊讶的富有成效的战略。

## 随机应变平台的平台

约翰·哈格尔三世、约翰·西利·布朗和朗·戴维森在2010年出版的《拉动力》一书中指出，开放平台是业务从"push"向"pull"转变的重要因素。"Push基于一个关键的假设运行，即预知或预测需求是可能的。"[40] 另一方面，pull会吸引来自企业外部的贡献者，并且给这些人提供工具——通常以开放平台的形式——让他们延展产品并改变产品用途。《拉动力》的作者们认为，这是一个划时代的变革，不仅改变了经济，也改变了知识和文化的生产方式。同样，科技作家凯文·凯利认为，开放平台是"塑造我们未来的12种必然力量"之一，正如他在《必然》的副标题中说的那样。[41]

这些变化的背后，是人类历史上最深刻的随机应变技术之一——互联网。

杰尔姆·萨尔茨、戴维·里德和戴维·克拉克在1984年发表的论文《系统设计中的端到端参数》中明确指出，互联网是为随机应变而设计的，这一点在它的一个基础性文件中显而易见。[42] 这篇技术论文提出一个有悖直觉的论点，即最好的网络服务提供最少的服务。例如，对互联网的早期设计者来说，用户很明显需要一个搜索引擎。但是，网络设计者如果在系统中内置一个，就只能满足设计者自我预想的需求。而更好的做法，是让任何一个用户都能在网络服务上建立一个搜索引擎。这样，竞争就能发挥其魔力，产生一个比任何网络工程师集中式委员会所能管理的都更好的搜索引擎。这意味着小众搜索引擎会出现。对安全服务、存档和其他可以预测的互联网用户的需求来说，情况也是如此。

正如里德对我说的："让一种服务性能更好，往往就会让其他服务性能更差。"[43] 这就是过度预判产品的用途，并以实现这种用途为目的去开发产品的问题。这也是里德一直大力倡导网络中立政策的原因，该政策禁止由互联网接入提供商来决定他们认为的互联网"真正"的用途——也许是分发母公司的电影？——并对其进行优化，以提高这些信息流的传递速度。

互联网没有对其用途进行过度预期，因此，从阅读学术论文、打电话、观看视频、举行共创绘画会议、参加在线课程、控制我们的家用电器，到下一个不知什么人发明的什么新事物，它都能发挥作用，也能继续为一切还未被发明的东西服务。

我们现在有一代人是伴随着互联网成长起来的。他们想当然地认为，如果有想分享的东西，他们就可以发布出来。他们想当然地认为，如果想让一个点子在互联网上实现，他们就可以做到。这些是他们的核心假设，但是，这些假设背后的底层逻辑是拒绝未雨绸缪。

每次接触互联网，我们都会重新学到同样的教训：随机应变能创造可能性。这意味着，我们不再需要为准备过度、准备不足或准备不当导致的资源浪费或机会错失而付出沉重的代价。更重要的是，相比于基于我们能预判的一些场景与可能性去限制我们产品的可能性，我们现在正在建造以赋能用户为核心的平台。在未雨绸缪时，我们赌的是我们知道客户对第一辆汽车的想法，而且我们很难使用户——通常几乎是不可能的——通过扩展、调整和定制我们的产品来增加产品的价值。

在这个问题上，我们别无选择。在数字化使我们的产品更具可扩展性之前，预期和准备是正确的战略。而我们全新的全球网络连接了渴望合作并分享自己成果的用户。

这种新策略的影响不仅仅在于提高用户满意度和忠诚度，还能让一个产品产生更多的价值，这让我们以一种全新的视角看世界。"做 A 是为了实现 B"成为一种不必要的对思考的局限。是的，做一件事出于此目的，但也可能出于别的目的，或者出于某个尚未有人想到的目的。并且，如果我们知道，不限定某件事物的预期用途往往能带来更大的好处，事物之间的相互作用就会比我们想象的更自由、可能性更多、更复杂。

的确，正如我们将在下一章看到的，在一个打破预期束缚的世界里，所有的事物都会同时相互影响，直到时间的尽头。

## 尾声：充满预判的图书馆

> Open Text 公司，一个搜索软件的研发企业……和雅虎公司，在线世界综合目录的发行商，目前正在共享它们的技术。[44]

这是1995年的新闻，对Open Text公司来说是一个重大新闻，当时我是该公司的市场营销副总裁。当时我们是一家拥有出色网络搜索引擎技术的小型公司，而雅虎是互联网界的女王；在互联网发展早期，它就是你搜索信息的地方。正如 PC Magazine（美国著名的IT杂志）当时说的那样："雅虎每天为40万用户提供超过600万个页面信息。"[45]雅虎的风头一时无两。

在合并Open Text公司之前，你如果想在雅虎网站找到关于艺术治疗的信息，就可以浏览主页上的14个类别，然后选择"健康"，点击可以进入一个有几十个子类别的新页面。选择"心理健康"，然后选择"治疗"，再选择艺术治疗，最后你会看到指向该主题的8

页链接。[46]这些链接都是雅虎选择的，最初是由网站的两位创建者（斯坦福大学的研究生）选择的，并单独将它们放入主题树中。

如果你知道自己感兴趣的内容，那么浏览相关的主题树比在网络上翻阅数千个页面要好得多，但是它的效率远不如搜索。这就是为什么雅虎决定在首页添加一个搜索框。现在，你只要输入想查找的内容，网站就会呈现与艺术治疗相关的网页，无论这些页面属于哪个类别。

几年后，斯坦福大学的另外两名研究生创建了一个搜索引擎，他们异想天开地将其命名为谷歌（和"雅虎"一样异想天开），这使得浏览和搜索之间的较量得到最终解决，搜索胜出。因此，当谷歌像巨人一样雄踞地球时，雅虎转而成为一个媒体和娱乐网站，并苦苦挣扎。

就像我们人类采取的任何有目的的行动一样，预期在搜索和浏览中会起作用，但是搜索的预期与浏览的预期大相径庭。当我们对自己的需求认知足够清晰时，我们会进行搜索，如"普锐斯2007大灯更换"，或者"带有自动点唱机的达拉斯素食烧烤餐厅"。搜索框的本质促使我们高度明确我们想要的内容。

当我们问的问题可能有很多正确答案时，我们就会浏览。"我想读什么？"与"秘鲁的首都是哪里？"是本质上完全不同的问题。对搜索来说，正确回答是一维的：直线的终点、街道尽头的房子、隧道尽头的灯——一个正确的答案。浏览要求的是多维的——维度不是物理空间，而是一系列可能性之中呈现的路径。在图书馆中，按主题排列的实体书架构成了一个维度，但读者也能通过其他方式做决策，比如作者是谁、读者评价、是不是新购书、是不是打折1美元出售的书，还有图书馆管理员刻意筛选以给我们带来惊喜的推荐。

创建一个适合浏览的场所是一种介于过度准备和随机应变之间的博弈，它是一种艺术。图书馆已经预料到我们可能会进去找书，服装店也预料到我们会去店里选衣服。尽管搜索和浏览都涉及预期和意图，但浏览相对来说更缺乏预期。浏览之于搜索，就像周末之于一周。

这意味着图书馆是过度准备的，因为其无法精确预测读者可能想要的所有作品。哈佛大学图书馆每年基本只有那3%或4%的优秀藏书会被借出，所以在人们的记忆中，有很多图书从未被借出过。[47]想象一下，一家餐馆的菜单上有一个50多年没被点过的菜。哈佛大学图书馆系统的运行需要近1 000名图书管理员，每年的预算超过 1.5 亿美元，但对大学来说这是有价值的，因为它可以让教职工和学生发现他们不知道自己将要问的问题的答案，而这些问题实际上可能从未被问过。[48]

事实上，像图书馆这样的浏览空间需要的正是噪声：有些选择我们可以思考后拒绝，有些选择我们可以直接跳过。对任何去图书馆的普通读者来说，99% 以上的书都是噪声。当图书馆成为一个真正的浏览空间时，里面的书可能会无人问津，就像年轻的演员，他们大多刚到洛杉矶就马上坐下一班汽车心碎地回家了。

准备过度是昂贵的，但是当我们考虑为创造提供灵感而不是为消费提供素材时，这就是必要的。假如有神灯可以许愿，大多数图书馆管理员都愿意创建一个过度准备到能为每个读者提供所有他们可能想要的资源的图书馆。也许有一天，法律终将使技术上已经可行的东西合法化：在合理的版权限制下，免费在线提供所有资源。（美国一开始的版权保护期为 14 年，而我们现在已经是作者去世之后的 70 年了，可能还会不断延长。）在那之前，图书馆提供的近乎奢侈的可能性宣告了其坚决不准确地预判其读者兴趣的决心。

与此同时，我们在整个互联网上看到了信息搜集的增长趋势，而预判的经济学却发生了翻转：现在，收录数字内容往往比排除数字内容更有利可图。这就是一个又一个网站允许用户未经许可就上传他们想要的内容的原因。如果存在法律问题或内容的滥用，网站可以随后将其下架。并且，如果上传的内容过多且杂乱无章（也就是说，如果网站在收录大量信息上成功了），这项服务就可能需要更好的方法让用户在获取信息时过滤内容，而不是在收录时进行过滤。[49] 结果是，这些不由内容平台喜好挑选的内容，恰恰为用户提供了大量价值。这些开放平台上内容的成功，与互联网本身的成功异曲同工。

　　互联网为我们提供了很多经验与教训，其中之一就是预判在规模过大时容易失灵。另一个教训是，预判限制了可能性。不做预判的随机应变重新解放了这些可能性，就像一座伟大的图书馆所做的那样。

第四章

# 超越因果关系：互操作性

Chapter Four

# Beyond Causality: Interoperability

## 第四章 超越因果关系：互操作性

我们并不期望互联网的世界与现实世界是一样的。互联网的变化速度指数级地快过现实世界，而且它每天都在让我们感受未来是如何难以预料的。我们经常在手机上查看线上线下的热点与头条；我们经常看到互联网上小小的火苗点燃了世界范围的运动火焰；我们看到娱乐化和游戏化导致的荒谬行为；我们在探索有什么新思想及新发明出现了。就像一架在外太空飞行的宇宙飞船，它永远无法预测哪一粒太空尘埃会给它带来大麻烦。在互联网空间"飞行"的互联网冲浪人，永远不知道自己是否会点进《宝可梦》这样的游戏中与成百上千的其他用户互动，或者在一个布满小点的页面，通过单击任意位置创建的

"引力点"来更改其路径¹，我们已经接受了互联网本身具有的各种变数，并开始接纳和喜欢它。

在本书的第一章和第二章中，我们看到了机器学习如何为我们提供了难以理解的复杂模型。我们开始意识到，所有事件互相之间都有无数的联系。尽管我们的新技术使我们能够更准确地进行预测，并让我们曾经认为过于复杂的领域变得可预测，但是它也揭示了我们所忽略的巨大复杂性。

我们对这种新的认知模型已经如此适应，以至现在我们对最小化可行产品、开源 API 这些与传统认知模型相悖的新事物已经习以为常了。

事实证明，我们在理解未来这件事上在认知上的转变，植根于一种底层认知模型的变化：因果律不是决定事件发展的唯一原理。在因果关系之下，我们发现了一些更根本的东西。

## 插件的世界

如果你想着买音频线把手机接入车载音乐系统，那么你只需要在当地的零售店里购买一根，就可以在任何有接口的汽车中使用它。但是，你如果需要替换汽车前大灯的灯泡，就可能要花 100 多美元，这不仅是因为前大灯的制造成本比音频插头

第四章　超越因果关系：互操作性

高，还因为你需要一个专为此类汽车设计的灯泡，所以你只得任由汽车制造商漫天要价。实际上，你在为非互操作性交税。

互操作性是指连接意义上的互联互通，除此之外还包括数据链接、语义、会话等层级上的数据/信息可交换、可解码等特点。当人们在幻灯片中提到互操作性时，他们往往会拿乐高积木举例子。其实这个例子一点儿都不恰当，因为只要专利有效，乐高集团就会极力阻止其他公司生产能与乐高积木互通使用的玩具积木套件。但在另一方面，乐高积木的确是互操作性的一个典型例子——它们可以与其他积木套件完美地结合在一起。3.5毫米的音频插头更典型，因为它可以被插入来自多家制造商的不同类型的设备。

约翰·帕尔弗里和乌尔斯·加塞尔在他们的《互操作性》(Interop)一书中提供了另一个例子：空中交通管制员使用词汇的标准化。[2]飞行员必须说英语或者至少学习航空英语中与驾驶飞机相关的300个单词。[3]同样，商品上的标准化条形码使产品能够与世界各地商店的结账系统实现互通。信用卡使人们的消费能够在不同国家的货币之间实现互通。电子表格文件的标准化导出格式，例如CSV（逗号分隔值）——于1972年发布——使你可以将1995年创建的Lotus1-2-3电子表格加载到现代电子表格应用程序以及大多数数据库软件和图形图表应用程序中。[4]

确实，互操作性是我们迄今为止看到的许多例子的核心。

- 带有开源 API 的平台可以开放站点的内部服务，让第三方的应用顺利地与这些服务进行互通。
- 开放数据允许任何应用程序或系统共享信息。
- 通过敏捷开发，开发人员可以创建可互通的功能模块。
- 如果游戏接受新的物体、图形和与其核心机制兼容的玩法，用户就可以顺利为游戏创建模组。
- 计算机与其他硬件设备互操作的能力让自主打印、嵌入式胰岛素泵、家用恒温器和物联网成为可能。
- 机器学习通过将许多不同系统生成的大量数据以系统能够提取和分析的形式汇集在一起。现在，许多公司正在寻求方法使自己的机器学习系统能够与其他机器学习系统互通。例如，六大科技公司——亚马逊、谷歌、IBM、微软、甲骨文公司和 Salesforce（客户关系管理软件服务提供商）——已经采用云医疗服务承诺开发开放标准。通过这些标准，它们可以共享健康数据。朱迪亚·珀尔在《为什么》一书中谈到他自己在使数据"可传输"（即可以在机器学习系统之间使用）方面所做的工作。[6]
- 互联网本身可以使本地网络具有互操作性，因此，它们能够使用标准数据格式和传输协议传递信息包。

在这些例子中，我们采用了互通的解决方案，因为互操作性使系统更加高效、灵活、可持续和可扩展。但更重要的是，互操作性直接影响了我们的世界观：当资源和服务可以在不同系统间互操作时，意想不到的价值就可能产生。

## 具有不可预测性的网络标准的效用

Schema.org 标记的诞生，离不开谷歌、必应、雅虎和 Yandex（俄罗斯搜索网站）的共同努力。Schema.org 标记指定了一个术语表，网站开发人员可以将这些术语嵌入其网页，以便搜索引擎能够更好地理解这些网页上的信息。

例如，假设"桥"这个词出现在网页上，为了给搜索用户提供相关结果，搜索引擎首先想知道的是，该页面是关于建筑、旅游路线、电影还是牙科医生的。Schema.org 标记为开发人员提供了一种嵌入隐藏标签的标准方式，该标签明确表示页面是关于电影的。然后，搜索引擎想知道该页面上"桥"指的是哪种事物。它是片名中的某个词（《廊桥遗梦》中的那座"桥"），演员的名字（Jeff Bridges），还是描述内容的一部分["弥合（bridges）爱与欲望之间的鸿沟"]？Schema.org 标记提供了一种标准语言来表达这类信息，这些信息对访问页面的人是隐藏的，但对搜索引擎是可见的。同样，使用 Schema.org 标记，有关《理智与情感》一书的网页可能会指出简·奥斯汀是作者的名字，而埃莉诺·达什伍德和布兰登上校是书中人物的名字。有了这样的信息，当有人搜索简·奥斯汀的《理智与情感》时，搜索引擎便可以自信地在搜索结果页右侧区域提供书中的人物列表，就像你已经看到的那样。

因此，Schema.org 标记使搜索引擎更智能，使用户更快乐。但并非巧合的是，它也使网页上的信息更具互操作性。

Schema.org 标记通过给页面上不同类型的事物提供对应的标签来实现这一点，包括组织、人员、事件、食谱、医疗条件、新闻文章和当地企业。[7] 这些标签是与相关社区以开放方式合作创建的，与亨利·福特设计 T 型车的方式相比，它们与互联网的创建方式有更多的共同之处。

Schema.org 标记一旦清楚地表明某个页面是关于一本书的，并且已经标记了书的标题、作者的名字、人物的名字、出版日期、出版地等等，谷歌就可以将这些信息与它从其他页面上得到的信息进行聚类。谷歌可以把它得到的关于简·奥斯汀的一切与其他小说作品、地理数据、天气信息、书中人物的婚史、英国皇室的结构以及由艾玛·汤普森主演的其他奥斯卡获奖电影联系起来。通过使数十亿个网页上的信息互通，这些信息网——准确地说是"信息图"——使搜索引擎成为地球历史上知识最渊博的"机构"。

为了让网页开发人员顺利使用，Schema.org 标记的标签语言必须是公开的。这无意中创造了互操作性，让所有应用程序都能像搜索引擎那样定位、提取和再次使用网页上的信息。埃文·桑德豪斯是《纽约时报》的技术执行总监。我们在交谈时，他说，"就新闻机构如何获取数据而言，Schema.org 标记可能比 API 更重要"。他是这样解释的，像脸书和推特那样的网站会自动扫描用户链接的网页，寻找以 Schema.org 标记添加的隐藏标签。这样一来，这些网站就可以添加适合其网站的标题，以符合用户喜好的方式显示日期，以及嵌入主题标签以便该网站向用户推荐相关内容。任何能上网的开发人员，都可以实现所有脸书和推持这样的巨头能实现的功能。桑德豪斯称："页面本身就像一个 API。"因为可以查询与页面有关的信息。"这可太棒了！"[8]

因此，最初网站创建者为方便主要搜索引擎识别其内容而提供的信息，现在已经成为任何应用程序都可以使用的开放式资源。例如，Yext 在起步之初为搜索引擎提供高可信度的用户位置、停留时长等信息。到了 2018 年，它开始了一个名为 Yext Brain 的新项目，为企业构建知识图表——将与公司相关的各种信息联系起来。Yext 的首席战略官马克·费伦蒂诺问道："谁说你一定要成为脸书或谷歌那样的公司才能拥有这种资源？"Yext 扩展调整了 Schema.org 标记，将其作为在这些图表中表示信息的主要方式。通过将这个公共信息标准转变为内部数据标准，Yext不仅可以直接使用这个精心设计的数据结构，而且可以更容易地给Yext Brain开发的信息打上Schema.org标记的标签，使其更容易被发布到网络上，形成一个互操作性的良性循环。[9]

再举一个例子，微软小娜——微软版的Siri（苹果语音助手），尽管它很讨厌被这样介绍——使用隐藏的Schema.org标记中有关航班信息的标签向用户显示航班的状态。[10]这让Windows系统变得更有价值了，但是，让这些数据互操作的真正价值是它对普通开发者的赋能。也许它会将这些数据与天文信息融合在一起，以便业余飞机观测爱好者识别头顶的航班。也许它会根据这些数据开启失物招领业务。也许它会研究疾病的地理集群数据，以驳斥"化学凝结尾"阴谋论，即飞机在飞行时会释放有害化学物质。"但这不是它的设计初衷！"这么说可不是在批评Schema.org标记，而恰恰是在赞美它创造的价值。

搜索网站的经济效益和流量推动了该标签系统的落地。但是，要想更有效地使用这套系统，搜索引擎必须放弃一定的控制权。搜索引擎明智地采用了始于21世纪初的微格式，而不是居高临下地制定自己的标准，并将其强加给网站所有者。微格式的早期拥护者对行业实现文件互操作所使用的传统方法感到不耐烦。例如，一种创建于20世纪60年代名为SGML（标准通用标记语言）的标准，其目的是使整个行业能够在讨论后对这些文档共同要素的结构和标签达成共识，从而使它们与供应链共享的文档具有互操作性。但是 SGML 标准很复杂，并且多年来各方争论不休，比如文档中的表格是一组由列相交的行还是一组排列成行和列的框。另一方面，微格式是由一小群知识渊博的人开发的，他们跳过有争议的部分，这样就可以对大家一致同意的那 80% 的内容快速达成共识。结果是，快速且被降低的标准更易于实施，并且公司可以从中快速受益。采用特定微格式的公司越多，其吸引更多公司采用微格式的力量越大。

  无论是更专注的微格式，还是面面俱到的 Schema.org 标记，这些标准都会重塑互联网，并进一步加强其互操作性。例如，当前，如果你从世界各地搜集大学课程大纲，想研究教授指定的阅读材料是否具有某种区域特征，或者在不同的教学主题中如何使用相同的阅读材料，那么你将面临一个计算难题，因为没有标准的方式来定义课程大纲包含的信息，而且没有类似于 Schema.org 标记的方式来标记信息。因此，试图识别课程大纲信息中的计算机程序无法轻易地将书名与课程名区分开，也无法区分文章的主题与期末论文的主题。随着标记课程大纲元素的相关标准的出现，提取、聚合和相互关联这些元素将变得更容易。有了可互通的课程大纲，教授们可以向世界各地的同行学习如何组织课程和阅读材料。[11] 这反过来将鼓励更多教授使自己的课程大纲具有互操作性。也许会有相关应用程序可以用来匹配学生需要的书籍信息与二手书服务，从而降低学生的教育成本。数据格式的统一也将使定量分析变得更容易，并且使机器学习结果更准确，这有可能揭示出我们的教育系统和文化中隐藏的趋势。教育平台可以利用这些信息开发新的服务，并引导学生发现他们意想不到的兴趣。

谁知道它还能做到什么？这就是重点。在因果关系的钟表宇宙中，我们寻找能改变结果的关键因素。互操作性的本质不仅是可以更有效地共享课程大纲中的信息，不仅是使音频插头适用于许多不同的设备，也不仅是让搜索引擎列出电影在当地的播出时间，或者演员表及他们扮演的角色。互操作性的本质在于，它指明了各个组件的作用以及如何将它们组合在一起，这样我们就能以意料之外的方式使用它们，有时它们会被应用于设计者无法想象且从未听说的事物。

## 互操作性是新的因果关系

如果你握住台球杆，你的手就会与之产生作用力。当你用球杆击中球时，球杆与球产生作用力。当球击中另一个球时，两个球便会产生作用力。当第二个球击中台球桌的一侧时，它

## 第四章 超越因果关系：互操作性

们同样会产生作用力。

物质世界中的相互作用是有因果关系的：行动会带来确定的结果。牛顿力学使我们能够精确地预测作用力的结果，而我们显然比牛顿的时代更进步了，从微生物与疾病的关系到小石子与碎挡风玻璃的关系，我们对它们之间的因果关系都有了更深的理解。

现在，我们的新技术让我们将因果关系视为互操作性的一种，当然是至关重要的一种。互联网会向有心观察的我们展示基于信息的系统是如何流畅地相互影响的，而有时这种影响是如此明显，以至对此充耳不闻的人也会意识到。机器学习已经非常清楚地表明，大多数因果事件的概念模型（A 导致 B）的不足之处在于，在机器学习系统中，B 可能是由无数变量的相互关系导致的。这两种技术的叠加使我们习惯性地认为，因果关系只是事物相互作用的诸多方式中的一种。

互操作性通过以下几种关键方式改变了我们对事件发生机制的看法。

### 跨系统工作

钟表装置的齿轮之所以能流畅工作，是因为它们属于同一种类：坚固，大小合适，齿与其连接的齿轮能咬合在一起。另一方面，互操作性允许不同系统的事物相互作用。

随着我们的商业和文化向数字化转型，互操作性变得更容易了。因为就像金属齿轮一样，数字信息彼此有很多共同点：都是二进制的，可以由计算机操纵。但是，与钟表齿轮不同，数字信息的作用不只是绕圈转，而是几乎可以代表我们想要的一切事物。然后，我们可以简单地通过编写规则（代码）来控制它们以特定的方式实现互操作性。例如，开发人员通常只需要为应用程序编写几行代码就可以显示数字图像，无论该应用程序是嵌入照片的文字处理器、显示专辑封面的音乐播放器，还是允许用户上传头像的在线游戏。

互操作性跨不同系统工作的重要性不仅仅体现在技术场景上。正如帕尔弗里和加塞尔在《互操作性》一书中所说："使复杂系统可互通与粗暴地让每件事都一样是有本质区别的。"[12] 当模块相对简单和中立时，使事物保持相同就可以使其有效地工作，例如使用经度和纬度在地图上精确定位事物的定位系统。[13] 当这些模块带有人类赋予的意义时，难度就变大了，就像地理系统无法界定巴勒斯坦是不是一个国家，或者不知道"葡萄酒产区"的确切边界在哪里。

另一方面，互操作性可以在保持差异的同时实现交互。例如，当你使用信用卡在国外支付餐费时，交易是按照统一的金融数据传输标准进行的，该标准将不同国家的银行连接起来，每个国家都有自己的法律、惯例和货币。同样，你也把标记为

"帕特和阿里2019年的奇妙假期"的照片分享给亲友，这不影响亲友在不同的设备上查看照片，并把这张照片重新标记为"帕特和阿里去的某个无聊地方"。图书馆和档案馆对馆藏作品应采集哪些有效信息可以有分歧，但这不影响它们共享彼此拥有的信息，然后将其转换为通用的分类标准，同时保持它们自己的架构。少量的共享信息可能会让人类发现迥异的优秀作品，大量的共享信息可以使机器学习系统帮助我们发现这些异同中的意义。

事实上，在过去的25年里，我们已经习惯了无处不在的互操作性，不仅仅在银行系统之间、图像程序和档案之间，甚至还在完全不同的设备之间——尽管任何曾试图将今年的电视连接到去年的笔记本电脑的人都可以证明，这并不总像我们期望的那样简单。然而，不同设备的集成已经成为我们网络体验的一部分，这一变革1993年就开始了。当时在剑桥大学，科学家将一台摄像机连接到网络上，这样他们就可以使用浏览器查看社区厨房里是否有一壶新泡的咖啡。[14]那个咖啡壶变得享誉全球，为我们如何想象互联网的未来定下了基调：越来越多完全不相干的物件和信息跨越其差异性联系在一起。物联网使之成为现实。你的恒温器可以与你的智能手机进行交互，你的智能手机可以和你的婴儿监视器进行交互，你的婴儿监视器可以把图片发送到你的智能手表上。并且，这些智能产品都可以在你的背后一刻不停地向你发推特。（一定要检查你的烤面包机的用户协议。）

　　经典因果关系要求事物具有相似性才能实现交互，例如，两个金属齿轮、台球桌上的9个台球、一颗彗星和两颗行星。然而，互操作性能跨越差异性实现交互。

## 可调规则

　　你把一块石头扔到墙上，结果是由物理定律决定的，同样的定律决定着小行星撞击行星时会发生什么。如果一封电子邮件中包含日期，它就可能触发一条通知，自动在你的在线日历中创建一个事件，系统可能会询问你是否将该事件添加到待办事项列表中，并且可能会将该事件的时间转化为你本地时区的时间。这完全取决于你已设置的互操作性规则，并且你对这些规则没有预先的限制。

　　在可互操作的世界中，我们必须决定交互规则。即使是将信息从一个应用程序复制到另一个应用程序这样简单的事情，也可能具有不同的规则。推特的设计人员把推特设计得易嵌入另一个页面。如果粘贴从亚马逊 Kindle（电子阅读器）上复制的文本，文本会自动标注书目来源，或者出现复制内容粘贴自 Kindle 的注释。德国网站 Angst & Panik 则为自己创建了不同的（非）交互规则，比如，该网站不让用户选择文本，更不用说复制和粘贴了。[15] Flickr（雅虎旗下的图片分享网站）的应用程序接口允许用户基于标签和评论检索照片，而谷歌照片的应用程序接口则不是。不久之后，允许通过单击把一场约会添加到日历中的电子邮件应用将提供打车服务，让你能预订自动驾驶汽车赴这场不在步行距离内的约会。

牛顿发现了少数支配自然现象的基本规律。想象一下，如果他能够发明新规律，我们的世界会变成什么样。

## 距离的弱作用

在牛顿的宇宙中，如果你把两个物体放得足够近，它们就会相互作用。例如，小行星会与行星或尘埃云相撞；水蒸气会在低温物体的表面凝结，物体表面反过来又可以吸收其中的一些凝结；月球引力引起潮涨潮落。事实上，正如其他人说的那样，牛顿的天才不在于发现有引力将苹果拉向地球，而在于意识到苹果也在拉扯着地球……并且无限小地拉扯着每一颗恒星。[16]

在我们的新世界里，互操作性发挥着引力的作用，将任何距离的所有事物都联系在一起。但是互操作性的重要性不会像引力那样随着距离的增加而减弱。最基本的超链接——开创网络时代的技术——也许是最好的例子：一个页面无论与现实世界的地理位置或主题相距多远，超链接都可以让其即刻呈现。

## 因果不成比例

在牛顿的世界里，因果呈正相关。球跑多远取决于你踢的力度。当然，有些结果似乎与原因并不相称：一首约德尔小调会引发山体滑坡，一块石头在压力下的熔化会引发地震。但是，在牛顿的世界里，我们相信，仔细观察会发现事件背后发挥作用的力量，因为能量是守恒的。这种看似不成比例的因果关系是牛顿世界的例外。在牛顿的世界中，我们更普遍地将钟表嘀嗒作响、行星绕轨道运行或台球相撞作为我们理解世界的模型。[17]

互通的宇宙已经使我们更加习惯于引发重大事件的小事件：话题标签的发明将推特变成一种新型的新闻媒体，一段来自手机的视频引发了数周的游行示威，一个大学生编写的软件程序最终连接了数十亿人。小原因可以触发大事件，因为互操作性能够使更多的碎片化信息在一个复杂得难以形容的宇宙中更容易地与更多碎片化信息进行交互。

## 万物相互影响

$F=ma$

这个公式的意思是"力等于质量乘以加速度"，是牛顿最重要也是最著名的公式之一。为什么每本高中教科书都以这种方

第四章　超越因果关系：互操作性　　　　　　　　　　　　　　　　137

式表达这个公式？因为代数的基本规则告诉我们，此公式也可以表达为 $m=F/a$，即质量等于力除以加速度，或者 $a=F/m$。博学的计算机科学家丹尼尔·希利斯认为他知道原因：$F=ma$ 符合希利斯认为已经可以被淘汰或即将被淘汰的科学框架——因果关系。[18]

因会改变某个事物。因此，在力、质量和加速度的关系中，我们非正式地将母球视为力，将其余 8 个球视为质量，并将 8 个球的位置和速度的变化看作果。希利斯认为，我们通常认为力是我们可以做到的事情——我们可以选择用母球瞄准 8 个球，但我们不能轻易改变 8 个球的质量。因此，因果关系和我们把自己视为积极的变革推动者的观点非常契合，即我们可以干预一个由客体组成的宇宙，以此主宰我们的命运。

希利斯称因果关系是一种"幻觉"和"思维上的懒惰"。因果解释"在自然界中不存在"，并且它"只是我们勉强给不同系统强加故事逻辑的无力尝试"。

这不同于 18 世纪苏格兰哲学家大卫·休谟提出的批评，他说因果关系只不过是我们心灵上对两件经常连续出现的事件的联想。希利斯揭示了我们为偶然事件强加故事逻辑的动机。但是希利斯的叙述并不否认，不仅仅是心灵联系在起作用：如果因果关系是"我们用来操控世界的一个框架"，那么我们使用这个框架只是因为它有效。这样的话，希利斯并没有反驳朱迪亚·珀尔最新的关于给机器学习系统提供因果模型以便它们能够做出更有效的预测的重要论点。珀尔反对传统统计学家不愿意承认在某些相关性中，一方是因，另一方是果。例如，在我居住的地方，猎户座的出现与冬天的到来相关，但不会导致冬天的到来。而每天早上太阳升起不仅与气温上升相关，还直接导致气温上升。珀尔认为，我们如果想让机器学习系统真正成为推动科学发现的引擎，就必须为其提供因果关系模型，而不仅仅是为其提供数据之间的统计相关性。了解因果关系后，我们可以提出反事实问题，这是科学理解的基石：蚊子和热带花卉都与疟疾的发生相关，但是如果我们消除热带花卉，疟疾就会消失吗？如果不是这样，热带花卉就不是疟疾的直接原因。[19]

在希利斯的文章中，他并不否认有些关联是因果关系，而有些不是。相反，他指的是我们对因果关系能带来的简化的执着。希利斯列举了因果关系作为我们"讲故事"框架的失败案例：怪异的量子效应和复杂的动态系统，"像生物有机体的生化途径、经济行为或人类思维的运作"。希利斯告诉我们：我们永远相信，我们可以通过发现单一的原因和结果来掌控事件。珀尔想给只关乎相关性的机器学习世界添加一个因果模型，希利斯不希望简易的因果模型成为我们理解现实世界的主要模型。

机器学习可以受益于珀尔的因果模型，即使机器学习和互联网的混乱已经减少了我们对希利斯反对的那种简易的因果关系的依赖。用因果关系来解释世界对我们来说是有效的，而且我们很难——或者，如果你是伊曼努尔·康德，那是不可能的——想象我们在这世上经历的只不过是一系列除了相关性和概率没有任何其他联系的事件。但我在很大程度上认同希利斯的观点，因为简单的因果关系会使我们看不到每天经历的连锁反应和反向连锁反应。举例来说，我们可能因为某种微生物感染而卧床一周，而这扰乱了我们的家人或同事的日程安排，继而引发了更多的连锁反应。巨大的能量一旦导致较小的效应，就会发生反向连锁反应。例如，准时到达的公交车好像钟表那样运转良好，但是公交车司机只有踩下油门才能使车辆前进，而这又要依赖于油箱里装满了汽油。这些汽油来自对开采工具、管道、炼油厂、海运以及监管和税收制度的大量投资。[20]

如果从因果关系的角度出发，我们倾向于把事件的发生归因于最直接和最具体的因素。如果我们考虑互操作性，整个世界就可以成为我们最常规的日常行为的考量因素。

\* \* \*

每天，我们都能体验到互通世界与因果世界的不同之处：不同种类事物之间的相互作用、因领域而异的规则、创建新规则的能力、距离的弱作用以及不成比例的因果关系。这些日常默默地改变着我们的世界观。不管我们是否听说过皮埃尔-西蒙·拉普拉斯,我们都生活在他那理论上可预测的宇宙中,因为我们认为,变化往往像钟表一样嘀嗒作响:一个齿轮推动与之相连的另一个齿轮,以此类推,一次转动一个齿轮的齿。

相反,当我们将因果关系视为互通宇宙的一面时,我们体验的果是由庞杂的因导致的,在这个庞杂的"因"的世界中,万事万物同时以可能迥异的方式相互影响着,有时会超越距离,并随时可能颠覆任何一个我们对未来的设想。

**富有成效的不可预测性**

比喻很重要。

当我们考虑未来时(不是某种具体的未来,而是未来的运行逻辑),我们经常会想象我们正在欣赏一片风景。这充满了可能性。我们选择目的地并朝着它前进。当我们这样做的时候,可能性会消失,就像我们开车穿过一片树木繁茂之地,远处的树木向我们逼近,渐渐消失在我们视野的边缘,然后消失在我们的身后。此时此刻——现在——剩下的只有那些幸存下来的可能性。它们不知何故变成了现实。事件就是这样发生的,至少从那些塑造了我们认知方式的比喻来看是这样的。

如果能够为部分和系统创建新的互通方式,情况就会大为

第四章　超越因果关系：互操作性

不同。当我们将世界视为可互操作时，可能性不会在接近我们时消失，而是会被我们源源不断地创造出来。

互联网通过允许网络互通实现了这一点。

万维网允许互联网上的网页通过链接与其他网页互通。

Schema.org 标记和微格式通过网络使不同的系统能够识别和再利用页面上的内容。语义网也是如此，它是万维网的发明者蒂姆·伯纳斯-李创建的一种标记形式，它使网站能够将其信息提供给任何人都可以开发的应用程序和服务。

来自社交网站、政府机构、图书馆、媒体网站等的开源 API 为新应用程序提供了标准的、文档化的方式，使其能够以意料之外的方式使用数据。

应用程序，包括游戏、数据库、电子表格和企业操作系统允许我们更改它们与其他应用程序和数据库的交互方式。应用程序，比如 IFTTT 网站——如果触发了一件事，它就会执行设定好的另一件事——允许用户设置跨应用程序的集成规则。

机器学习系统可以从看似无关的系统中提取大量数据，并找到数据中隐藏的关系，这些关系让我们能在那些曾经看起来过于随机而无法做出预测的领域进行预测。

协议接协议、标准接标准、应用接应用、系统接系统、网络接网络，我们创造了一个层次丰富的互操作性生态系统，每一层次都支持新的交互类型。我们可以以一种抽象的方式勾勒出结果：将数据从一个站点传输到另一个站点的互联网规则置于底部，将数据交换格式置于其上方，而将面向用户的应用程序和服务置于顶部。

但事情远比这更复杂。例如，程序员创建函数库，其他程序员可以重新使用这些函数库在不同的层次创建服务——这些服务本身可能是互操作的。对游戏玩家来说，创建一个本身并不是游戏的模组并不罕见，因为它的设计目的就是支持其他玩家做出模组。然后是来自这种多层互操作性的良性循环：Schema.org 标记对飞机航班信息的标准化使机器学习系统能够发现航班时刻表中未被安排的时段，然后充分利用航班信息进行高效调度。可互操作的银行数据与服务的兴起，使全球贫困人口有机会参与全球经济，这可能催生新的银行服务。[21] 话题标签的引入使推特在意义上具有互操作性，同时也让推特在新闻和商业生态系统中扮演了无比重要的角色。这让人们呼吁改变推特、新闻媒体、政治甚至核心互联网协议，以防止话题标签生态系统所助长的"虚假新闻"的产生。

我们每天与互联网的接触让我们不得不直面各种混乱，这些混乱既有丑陋的一面，也有让人敬畏的一面。人工智能算法的成功让我们意识到，我们之前对复杂性的忽视，恰恰源于我们对其束手无策。我们对这两种技术的经验表明，互操作性是让未来不同于当下的必要条件。

但互操作性的秘密是，即使它是为一个狭隘的目的创造出来的，人们也会用它来做许多意料之外的事情：将打印机连接到计算机上的标准方法，同样适用于把盲文阅读器和计算机相连，也适用于将定制标语绣在帽子上的缝纫机。互操作性带来的意外被使用得越多，它就越有价值。

当用理性了解世界是我们掌控它的最佳方式时，将世界简化到我们能够理解和预测的程度就是有必要的。现在，如果我们能放弃对了解世界运作方式的坚持，机器学习就能让我们更好地掌控世界。同样，新的互联网生态能让人们使用互联网上公开的资源，无须征得许可就能用这些资源来创造他们所能想象的一切。

然而，我们正生活在一种痛苦而艰难的矛盾中。我们习惯于把过去的 20 年视为政府加强控制，企业利用隐私数据来精准操控我们行为的时期。确实，我们中的许多人正在量化和记录自己的心跳、步数、睡眠时间和食物的克重，一直在寻找改善生活的线索。随机性带来的混乱感在减少，并变得可控，但同时，我们也在人为地提升不可预测性。这种矛盾是我们这个新时代的特色。我们可能无法解决它，就像我们无法解决理性和信仰、自由意志和决定论、个人主义和集体主义、利他主义和利己主义的矛盾一样。

如果我不得不去猜想一种解决方式，那么我会说互联、求同存异、开放、赋能、游戏化和乐观将长期占据主导地位。这是我愿意去相信的,而这种愿景无疑会影响我的判断。

我理解自己对这一愿景的论证远非铁证如山,因为它基于一些抽象的假设:控制是孤立的,互操作性是联通的;控制是脆弱的,互操作性是反脆弱的;控制是手电筒照出的狭窄路径,互操作性就像阳光,可以照明,可以煮饭,可以取暖,可以释放能量,这完全取决于它能接触到什么。

显然,这道"光"眼下正在穿过的森林,就是我们这个正在演变的世界。

## 尾声：迹象和原因

当一种文化通过观察鸟的内脏来预测国王的命运时，我们窃笑：鸟的内脏与国王的生死没有因果关系。但是这些文化并不是在寻找因果关系。对他们来说，对牛顿之前我们自己文化的大部分历史来说，宇宙不是一个钟表般的因果装置，而是一个意义之网。[22]

例如，我们曾经假设长得像人体部位的植物可以治愈人体相应部位的疾病。我们现在知道这是错误的。但这种观点一开始并不像它听上去那样没有道理。哲学家米歇尔·福柯在其著作《词与物》中引用了15世纪医学天才巴拉赛尔苏斯的话："上帝的意愿并非把他为人类利益而创造的东西以及他赋予我们的东西隐藏起来……即便隐藏了某些东西，他也不会允许这些东西没有外部可见的特殊标记——就像一个埋了一堆财宝的人，一定会做好标记，以便再次找到财宝。"[23]

这是一个有曲折变化的结局：机器学习正在使我们重新适应对标志的依赖。

尽管存在道德缺陷，剑桥分析公司关于2016年美国总统选举所做的工作并不荒谬：通过分析脸书的数据，其机器学习算法可以预测哪种政治广告对哪种性格的用户最有效。这种分析无须关注甚至都不用考虑来自脸书公开发布的政治信息。例如，2013年，剑桥大学的两位心理学家对5.8万名志愿者进行了性格测试，然后将这些心理特征与志愿者在脸书上"喜欢"的内容联系起来。（"喜欢"在这里指这些用户点击了"喜欢"按钮的内容。）例如，事实证明，性格外向与喜欢妮琪·米娜密切相关，而开放的个性与喜欢凯蒂猫相关。[24]

我们也许可以编造一些故事来解释为什么会这样，但是我们也可以找出与这种解释相矛盾的可能。例如，剑桥分析公司获取的信息很可能远不止人们在脸书上的点赞记录。假设将机器学习应用于所有数据，可能会揭示出，在工作日撰写较长的帖子，对粉丝不多的人发布的帖子做出快速回应，并在超过12%的帖子中使用单词"等等（etc.）"这些特征，更符合一个温和的共和党人的形象。也许发布的照片常常以一座城市的地平线为背景，会双击只需要单击一次的按钮，都与喜欢猫胜过狗以及支持金本位有关。极小的变化可能导致差异极大的预测。给妮琪·米娜点个"喜欢"可能会给你贴上"外向"的标签，同时说明你是一个大方给小费的

## 第四章 超越因果关系：互操作性

人。将这些关联标签放入一个网络中，在该网络中，另外1000个数据点中的每一个都会让你是一个大方给小费的人的可能性增加一点点，这时，系统可能会做出一个概率性预测：当50美分的小费足够，一分不给也可以接受时，你有86%的可能性会给你的星巴克服务员2美元。

我们经常使用机器学习系统，因为它们可以提高我们做预测或分类的准确性。但这并不意味着机器学习基于因果关系构建模型——朱迪亚·珀尔希望弥补这一缺陷。据我们所知，性格外向和喜欢凯蒂猫之间没有因果关系。双击按钮、偏爱猫和大方给小费之间没有因果关系。事实证明，这些迹象可以表明一个人有大方给小费的倾向，但不是原因。雪地上的痕迹不会促使某人上山，但这些痕迹可以作为她前进方向的可靠标志。朋友的姿势、说话时的微微犹豫和甜点的选择并不是他悲伤的原因，而只是间接地由悲伤引起的表现，但即便如此，这些也可能被看成朋友伤心的迹象。

同样，机器学习系统参考的这些迹象，可能是某个能引发大方给小费行为的因素导致的。也许它们都是想要被别人喜欢、害怕尴尬或同情心泛滥的表现。这些相关性如果在统计上是有效的，那就可能存在某种原因使得他们这样表现。但是，原因可能是一系列相关性，这些相关性是如此复杂和微妙，以至我们可能永远都发现不了它们。我们也不需要去发现，只要机器学习能为我们提供足够准确但不会固化社会偏见的结果就行了。

现在，基于各种迹象的机器学习模型显然不同于上帝设计的古老符号系统，可能也不同于那些有关宇宙基本对称性的表达。我们的新系统可能会更混乱。如果一切都井然有序且美丽，我们就不需要强大的计算机来帮助我们破解这些迹象以做出推断了。

通过机器学习，我们获得了更接近概率性真理的东西，付出的代价是一个简单到足以使我们理解、美丽到足以让我们惊叹的宇宙。但是，这些新路标远比一只有内脏的鸟可靠得多，综合起来看，它们本身就揭示了一种无法简化的错综复杂的相关性。而我们也许还没有学会如何接受这种复杂性。

第五章

# 战略与可能性

Chapter Five

# Strategy and Possibility

## 第五章　战略与可能性

随着对世界理解的加深，我们越来越能坦然地接受，过去我们视为真理的大部分知识，其实都只是一些简化的模型，它们帮助我们与一个完全超越我们理解和控制的世界相处。正因如此，那些影响我们的行为和观念的概念正在被重塑。在本章中，我们将探讨一个讨论未来的最基本的术语：可能性。这个词太模糊，无法被直接理解，因此，我们会回顾我们的战略方法的演变，尤其是商业战略，并尝试从中以小见大，揭示出我们关于可能性的本质的看法。

## 缩小可能性

尽管苹果公司不愿意透露细节，但是在2014年，作为对三星专利诉讼的一环，该公司还是发布了乔布斯在去世前一年写的备忘录。乔布斯已将这份备忘录发送给苹果公司的前100名高管。这显然是他即将发表的演讲的大纲。[1]备忘录以"2011年战略"为题的幻灯片开始，然后是如下幻灯片：

2011年：与谷歌的圣战

和

2011年：云年

在结束概述部分之前，他宣布，苹果公司将建立一个新的园区，他写道：

将我们所有的产品捆绑在一起，这样我们就可以进一步将用户锁定在我们的生态系统中。

然后，乔布斯悉数苹果的产品线，每条产品线都有一份关

第五章　战略与可能性

于其战略的开场白。例如，他写道：

　　2011 年战略：在竞争对手赶上我们当前的产品之前，发布硬件和软件都无与伦比的苹果 iPad 2 平板电脑。

关于苹果的移动操作系统，他写道：

　　战略：在我们落后的地方赶上安卓（通知、共享、语音等）并超越它（Siri 等）。

这些虽然都叫战略，但是意义是完全不同的。宣布"云年"标志着乔布斯希望苹果关注一个广泛的跨产品领域。"与谷歌的圣战"指明了公司将与之竞争到底的对手。将"我们所有的产品"捆绑在一起是推进"进一步将用户锁定在我们的生态系统中"的一种策略。（这也是一个很好的使用内部互操作性减少用户可能性的例子。）

乔布斯在使用"战略"一词时所指的含义可能并不完全一致，正如我们将要看到的那样，这个术语在商业中的应用相对较新，定义还没有完全固定下来，但他的讲话阐明了一个大家广泛使用的定义：战略是领导者告诉他的下属要关注的东西。1990 年，当太阳计算机系统公司的首席执行官斯科特·麦克尼利说:"我们把所有的木头用在了一支箭上(意为'举全员之力办好一件事')。"这句话之所以流行,不仅仅因为它含有某些弗洛伊德的心理理论,还因为我们认为战略是一种将组织的所有精力集中在一个目标上的方式。[2] 战略通过肯定一条路径,从而否定了其他路径,并以此来汇集有限的资源。

因此,在我们所处的这个混乱、无法控制和难以预料的时代,你会认为战略重点——就如何最好地利用有限的资源做出艰难的决定——将比以往任何时候都更重要。毫无疑问,情况往往如此。但是,正如我们已经看到的,许多组织开始以不同的方式思考战略(采用精益、敏捷、颠覆性策略等)。部分原因是环境的不稳定,一些原因是更改战略里的数字化元素比重新设计制造流程更快、成本更低,还有一些原因是我们近来随机应变的经验使旧的未雨绸缪战略的隐性成本变得显而易见。

毫无疑问,即使我们采用的互操作性战略增加了更多的可能性,我们也会继续使用通过减少可能性来集中资源的战略。但是,正如我们做预测的方法揭示了我们对未来的看法一样,我们如何制定战略也揭示了我们认为哪些事情有可能发生。

第五章 战略与可能性

## 战略的发明

1964 年，管理先驱彼得·德鲁克新书的出版商坚持认为，他需要将书名《商业战略》(Business Strategies) 改为对商业书读者更有意义的书名。因此，德鲁克将其改为《成果导向管理》(Managing for Results)。[3] 在过去，战略一直是军队而非企业所需要的。实际上，直到几百年前，即使是军队也不会像我们今天这样研究战略。只有当我们认为未来会以某种特定的方式出现时，战略才有意义。

这就是为什么在公元前 8 世纪，当荷马讲述发生在 400 到 500 年前的特洛伊战争的故事时，墨涅拉俄斯国王并没有提出一套攻打特洛伊城的战略。相反，他的"战略"就是到那儿去并投入战斗。

又过了 300 年，苏格拉底才首次区分了战略与战术。[4] 但是，苏格拉底所说的战略的含义与我们现在所知的有所不同。他告诉我们，战略家是"诡计的发明者"，并将战略家比作创作新歌的音乐家——比如奥德修斯，他通过将战士塞进作为礼物的木马中结束了特洛伊战争。[5] 因此，区分战略和战术的关键，是战略不以稳健为特征，而以敏捷为特征，而我们今天将"敏捷"与敏捷开发和以敏捷开发为核心的公司联系在一起。

这种观点符合希腊人的世界观：喜怒无常的命运、自私自利的神和难以捉摸的凡人使我们走上了黑暗曲折的人生道路。现代战略理念需要一个有序且可预测的未来，只有这样长期规划才有意义。

直到牛顿时代，我们才拥有这样的未来。劳伦斯·弗里德曼在其《战略：一部历史》中表示，这种对战略的新定义反映了"一种启蒙运动的乐观主义，即战争就像人类社会其他领域一样可以通过理性加以改进"。战争受某种规律影响，或者看起来是这样，似乎与牛顿定律没有本质区别。[6]

军事战略的概念始于19世纪上半叶，当时开始出现有关战争战略的书籍，它们以数学家证明几何定理的方式或钟表匠解释钟表运作的方式对战略进行了解释。[7] 1835年，最著名的战争理论家卡尔·冯·克劳塞维茨在其《战争论》中，肯定地承认了战争的随机性和不可预测性，但他还是试图找到一般可以信赖的规则。[8] 克劳塞维茨有时用牛顿的力、运动、摩擦、质量和惯性等词语来表述，偶尔还会以几何形式推论证明。例如，战役比许多小冲突更可取。[9] 因此，战略成为受规律约束的事物，这些在规律作用下的战争如此令人疯狂和绝望，以至只有上帝或拉普拉斯妖才能完全理解它们。

今天，我们无法想象出版商会要求作者将"战略"一词从商业书籍的标题中删除，或者一位首席执行官会以"我不知道"来回答"贵公司的战略是什么？"这样的问题。但是在过去

第五章 战略与可能性

的 30 年中，战略的概念经历了巨大而迅速的转变。在某种程度上，这是人们有意为之的：咨询顾问发现，他们可以通过解释其甲方公司现有战略与光鲜亮丽的新战略相比过时得可怜，来收取额外费用。恰巧他们有一个关于重组的幻灯片，里面的内容呼吁高管层"颠覆整个组织"。这可能是这方面的一个典型例子。[10] 其他制定战略的方法的影响要大得多。

这些不同的方法至少有两个共同点。首先，八九不离十，它们都通过让组织将可能性缩小到组织可追求的范围来发挥作用。其次，正如我们如何预测揭示了我们如何看待未来一样，我们如何制定战略揭示了我们如何思考可能性。

## 战略揭示的可能性

当我们定义"可能性"时，我们常常把"幻想"、"愿望"，甚至是菜单上的"主菜"都归入"可能性"的范畴。那是因为在西方，我们过于关注看得见摸得着的现实，以至我们将可能性视为不现实的东西。但是，在一个以互操作性为特征的宇宙中，可能性看起来有所不同。

让我们看看最近几十年来 5 个重要的战略概念的例子，然后反思一下每个例子是如何揭示可能性的本质的。

1. 军事。1941 年，在珍珠港事件促使美国加入第二次世界大战之前，美国和英国军方高层在华盛顿特区会面，举行会议，并决定了被他们称为"欧洲优先"的共同战略目标：在进攻日本之前，他们将集中力量击败德国。[11] 该战略需要制定战略决策，以决定是否向欧洲投入资源，是否对欧洲展开大规模的打击以及陆海空力量的平衡。这样的决策基于对后勤、地形、天气、部队状态等非常务实的考虑。

2. 冷战。兰德公司以"研究与开发"为使命，由亨利·阿诺德将军于 1946 年创立，他认为美国需要集思广益，以使美国的科学技术领先于其他国家，尤其是苏联。美国空军成为其主要客户，该公司发展迅速，以至很快就发布了招聘数百名研究人员的广告，甚至还在广告中吹嘘兰德公司总裁和艾萨克·牛顿有师承关系。[12] 赫尔曼·卡恩是兰德团队中最有名的人物，因为他写畅销书，还是个怪人，并且还是斯坦利·库布里克 1964 年的《奇爱博士》中那位疯狂科学家的原型。卡恩通过冷静地思考苏联和美国在扩大核导弹交换中可能采取的各种行动，制定了核战争战略。他冷静地比较"只有"500 万人死亡和 2 000 万平民被烧死的情景——这是对难以想象的事件进行的理性讨论。

3. 场景规划。彼得·施瓦茨称赞卡恩帮助启发了一种完全不同的战略制定方法——场景规划。场景规划是 20 世纪 60 年

第五章 战略与可能性

代荷兰皇家壳牌集团的皮埃尔·瓦克提出的。[13]（施瓦茨在那里继续瓦克的工作。[14]）施瓦茨这样描述这个过程："在一个场景规划中，管理者设想并深入思考数个关乎未来可能性的故事。这些故事经过仔细研究，相关细节翔实，以现实生活中的决策为导向，旨在带来（人们希望的）惊喜和意想不到的认知迭代。这些场景共同构成了一个梳理个人认知的工具。"[15]

正如瓦克自己写的那样，真正的挑战不是想象不同的可能，而是纠正管理人员的错误认知，譬如，假设商业环境会保持现状。瓦克担心这些认知习惯的控制力太强，以至管理者无法认真对待他提出的场景规划。他想知道："我们的观点怎样才能被听进去？"[16]

答案是，这需要通过严格的、基于事实的分析，以此让管理者意识到，未来可能与现在的情况非常不同。在分析说服荷兰皇家壳牌集团为发生石油危机（1973年发生了一场石油危机）的可能性做准备之后，瓦克团队的分析方法在业内的影响力大幅提升。[17]到2006年，贝恩公司报告称，其调查的公司有70%在使用场景规划。[18]

4. 瞬时优势。在丽塔·冈瑟·麦格拉思2013年出版的《竞争优势的终结》（*The End of Competitive Advantage*）一书中，她将自己关于"持续重组战略"的观点与之前的方法，尤其是迈克尔·波特的"可持续竞争优势"进行了区分。[19]麦格拉思认为，竞争优势不再是可持续的，并且"对越来越多的公司不再有意义"，因为数字化、全球化和其他因素使得环境变得过于动态。用麦格拉思的话来说，单单波特对战略是为单一市场设计的假设就足以阻止公司制定针对整个业务运营"领域"的战略。因此，企业必须时刻警惕其环境中的任何变化，并建立适当的组织结构和文化，使其能够摆脱当前战略，并创建新的战略。

5. 活动挂图战略。在远离办公室进行的一次熟悉的破冰活动中，参与者被分成几个小组。旨在释放参与者想象力的组织者，要求他们想象有关公司未来 10 年或 20 年的杂志封面故事。"天马行空地展开想象！"这是他们得到的指示。此战略的目的显然不是让他们指出迫在眉睫的真实可能性，而是想象难以想象的成功。活动挂图战略的设计要求不落窠臼，而不是一板一眼。

\* \* \*

仔细研究这 5 个典型的商业战略，我们就会发现它们是分析可能性本质的绝佳案例。让我们来回顾一下。

1. 在第二次世界大战期间，指挥官需要考虑的是那些在调动士兵、物资和装备等一系列的后勤限制允许范围内的，或是对不断变化、不可预测的局势做出反应的作战方案。因此，可能性植根于泥泞混乱的战场。

2. 冷战期间，不可阻挡的导弹弹头带来了无限的可能性。这些导弹不必担心在敌人控制的领土上如何作战，不必担心河水是否上涨、桥梁是否完好无损，不必担心如何向饥饿的士兵提供淡水和罐装口粮。这种模式下的导弹发射是"轮流"进行的——对刚刚发射的敌方导弹进行报复，随后反击。除非打消再次按下按钮的念头，否则没有任何其他东西能够阻止参战国继续发射核导弹。战争从未与下棋如此相似。

事实上，兰德公司的方法是把现实世界从"游戏"中移除，因为现实世界里有山，有崎岖的道路，还有断裂的车轴。因此，可能性取决于游戏的逻辑，而不是物理世界上的障碍。这种逻辑包括游戏玩家关于其对手的合理性，对手牺牲其人口的意愿等一系列假设。[20] 当你关注可能性之树的每个可能的分支时，你在计算这种可怕的生命游戏的成本和收益，风险和回报。或者更恰当地说，这是一种全球热核战争游戏。[21]

3. 始于荷兰皇家壳牌集团的场景规划认为可能性更真实。它并没有假设行为者是理性的行为者，遵循相对简单的规则，不受实际情况的影响。相反，它审视当下，看到复杂的、潜在的破坏性力量在发挥作用，并且这些力量只能在广泛并深入地分析事实后才能确定。它要求我们思考世界所有可能的意外：

从气候到疾病，再到专制者的兴衰。这更接近二战时期军方对可能性的有依据的理解，而不是冷战时期游戏式的逻辑上的可能性，只是壳牌的场景规划考虑了背景本身的干扰，并以更少的紧迫性、更多的信息，和相较于战场更舒适的环境来进行规划。

4.麦格拉思的"瞬时竞争优势"战略方法将可能性视为真实的、迫在眉睫的危险和机遇，这些危险和机遇源于商业运作的所有领域中各个部分之间不断变化的关系：市场、客户、供应商、员工、管理结构等等。要警惕这些可能性，你需要避免假定自己的世界中任何元素都是一成不变的。场景规划关注的是全球范围内的变化，而麦格拉思敦促我们关注那些微小的变化，因为生活的方方面面都有微妙的联系，而这些变化可能会把一个企业推向悬崖，或者给它带来新机遇。开放的可能性来自所有事物的相互作用，也就是说，来自所有事物的互操作性。

5.最后，活动挂图战略将可能性视为仅仅是可能的想象：在练习期间，任何可以想象的和可取的元素都应该被认为是可能的。而且，这个练习旨在鼓舞士气，所以可能性总是积极的。因此，在最后，没有一个小组的《时代》杂志封面会包含诸如"破产""注定失败""首席执行官的牢狱之灾"之类的话语。

如果战略揭示了我们如何思考可能性，我们现在就应该看到一些对互操作性引发可能性的战略响应。

## 战略开放

战略通过告诉企业应该关注什么，不应该关注什么来促进决策：关注苹果手机并让其操作系统比安卓的更有竞争力，同时——从乔布斯在幻灯片上对这个话题的明显沉默来判断——让苹果笔记本自生自灭两年。因此，战略规划通常被视为一种限制性操作。它识别可能性，并选择企业想要实现的可能性。

但是现在，我们看到一些企业考虑战略并不是从筛选和减少可能性的角度出发的。在一个可互通的世界里，我们至少应该允许其他人以提供超出我们预期的产品的方式来获得部分成功。以下是一些企业在我们这个呈现新复杂性的世界中对战略和可能性的不同思考的 3 个案例。

### Drupal：分布式战略

德赖斯·布伊泰尔特在一年一度 Drupal 研讨会上的幻灯片，展示了一种与乔布斯给苹果前 100 名高管发送电子邮件所做的截然不同的战略。[22]

这是意料之中的。布伊泰尔特并没有把自己看作首席执行官，而是 Drupal 的"创始人和项目负责人"。Drupal 是一家结构与苹果完全相反的企业。Drupal 是一个开源内容管理系统，由 10 万多名关联松散的志愿者开发，他们怀着一致的使命共同工作。由于 Drupal 可被修改和扩展，目前有超过 100 万个网站正在使用它。布伊泰尔特的幻灯片是为 2017 年的 Drupal 研讨会设计的，那是当年在奥地利维也纳举行的数千名 Drupal 开发者的年度聚会。大家都会认真倾听作为创始人的布伊泰尔特的演讲。但是与乔布斯的展示不同，开发者可以完全忽略这些内容。布伊泰尔特在 Acquia 公司的波士顿总部告诉我："人们想做什么就做什么。"Acquia 是他的营利性公司，提供基于 Drupal 的解决方案。[24]

布伊泰尔特即便想强迫开发人员完成某个目标，也无法做到。开发人员并不是在为他工作，而是在为使用 Drupal 的公司工作。因此，他说："我没有给他们路线图。"如果有 10 万人，但他们想去的是能让自己感到快乐的地方，就算你有一张通往某个目的地的地图又有什么用呢？

对布伊泰尔特来说，这是一个特性，而不是缺陷。他说："Drupal 是开源的，这样其他人就会把它引向我没有想到的方向。"他举了一个例子，霍华德·迪恩总统竞选团队在 2004 年利用它创建了 DeanSpace，这是第一批政治竞选的社交网络之一。从那以后，Drupal 被用作各种用途，从为西班牙塞维利亚足球队的球迷创建网络社区，到为澳大利亚纳税人提供自助纳税网站。

即使拥有权力、欲望和站在舞台中央发号施令的性格，布伊泰尔特也知道这样做只会限制 Drupal 的可能性，从而使其无法满足每个用户的特定需求。因此，在 2017 年，他做了他每年都会做的工作：非常详细地——在维也纳会议上用 103 张幻灯片——描述了分布式项目 Drupal 的情况（2016 年修复的系统漏洞数量增加了 22%，贡献者数量增加了 28%），提供 Drupal 服务的企业运转得如何（这些企业都以更高的价格获得了更多交易）以及竞争态势（Drupal 的市场份额是健康的，但是正在下降）。

在布伊泰尔特的演讲中，他确实像乔布斯一样讨论了他认为公司应该深耕的产品领域，但是有两个主要区别。首先，Drupal 开发人员可以自由选择是否按照这个方向走。他们不会因为追求不同的目标而受到惩罚。实际上，公司很欢迎他们这样做。其次，布伊泰尔特和 Drupal 研讨会的参会者并不认为零和博弈是传统战略的目标，即以牺牲其他可能性为代价，将业务偏狭地集中在某些可能性上。Drupal 的生态系统充满了无限的可能性。

布伊泰尔特以 Drupal 图片库功能的开发来说明他的观点。他承认："也许有 5 种好方法可以做到这一点，但是只有一两个会胜出。"在这种情况下，"胜出"意味着被更多 Drupal 用户采用，并可能成为图片库开发方式的行业标准。但这不是 Drupal 社区衡量成功的唯一方式。其他的尝试也可能聚集了一批需求相似的用户。像 Drupal 这样的生态系统支持无限多样性。

建立这样的生态系统并不容易。"这不是'如果你把它建好了，人们就会来'。"布伊泰尔特说。但是，这样的生态系统具有极其重要的战略意义，因为它使 Drupal 为用户带来的价值成倍增长。建立网络社区并避免走错路是需要持续投入财力和精力的。

这就是莉萨·韦尔什曼 2013 年在布拉格举行的全球会议上的演讲主题。她向观众提出问题："如何管理开放型组织的成长？"她的答案是："这种社区就像一个巨大的真菌。"它尤其像最近在俄勒冈州发现的一种巨大的地下真菌。《科学美国人》的一篇文章解释了真菌的生长，用韦尔什曼的话说，它具有"良好的基因和稳定的环境"。Drupal 社区的良好基因是其"基于标准的框架"。稳定的环境是社区针对行为、道德规范、协作和决策制定的一系列社会惯例和规范。[25] 这些惯例和规范可以实现技术和个人的互通。

有了这样的基础架构，该项目就不需要传统的战略了，因为传统战略的目的是实现某个特定的目标。同时实现所有社区群体认为有价值的所有目标岂不更好？

虽然制定战略的目的通常是消除可能性，以最大限度地发挥所选方法的有效性，但是布伊泰尔特避免限制 Drupal 开发人员的关注点。他通过执行自己的个人战略来做到这一点："我试图摆脱社区的束缚。"这为独立开发人员提供了便利，使 Drupal 的架构成为现实，并满足了用户的真实需求。正如我们进一步讨论的那样，这些都是真实存在的可能性。

**特斯拉和谷歌：放任自流**

2014 年 6 月 11 日，位于帕洛阿尔托的特斯拉汽车公司总部，其墙上挂满了一百多项专利证书。6 月 12 日，它们消失了，取而代之的是一幅图表，图表上有一句在早期电子游戏中翻译得不是很好的关于文化基因的阐释："OEMs（原始设备制造商）：我们所有的专利都属于你们。"特斯拉首席执行官埃隆·马斯克决定实施公司专利的开源化：任何人都可以使用其发明，而无须征得许可或支付特殊许可费用。

马斯克在博客中解释了他的理由："特斯拉汽车的创立是为了加速可持续交通的出现。我们如果为创造吸引人的电动汽车扫清了道路，却在背后埋下知识产权的地雷来阻止其他人，我们的行为方式就与我们的目标背道而驰了。"他这样做有 3 点原因。第一，主要的汽车公司生产的电动汽车很少，特斯拉可能没有感受到其他公司的威胁。第二，开源项目可以吸引许多世界上最好的工程师。第三，专利是"诉讼的彩票"[26]，于是马斯克推倒了这堵墙。

特斯拉仍然在申请专利，包括电池技术方面的一些非常有价值的专利，但它恪守承诺，不起诉任何以"诚信为本"使用其技术的公司。这意味着，一家公司如果使用了特斯拉的专利，就表示它也同意特斯拉使用该公司的技术，这就为专利首创公司创造了一个开源环境。[27] 这也意味着，你同意不使用特斯拉的专利来制造假冒产品，如果你想称自己的电动汽车公司为"特丝拉"，你就必须发明自己的技术。

马斯克声称，一些公司正在使用特斯拉的开源专利，但是他不太清楚具体是哪些公司和哪些技术。所以，特斯拉此举可能只是一种姿态，但是这是一种具有战略意图的姿态。特斯拉的优势在于拥有强大的电动汽车市场，它既可以创造更多的用户，也可以推进支持电动汽车所需的基础设施建设。特斯拉开放其专利资源也有助于其接口成为行业标准。

谷歌已经走上同样的道路，在一项不太受公众关注的技术上取得了更大的成功：2015 年，谷歌开源了其机器学习软件 TensorFlow。尽管机器学习目前对谷歌的几乎所有工作都至关重要，包括如何搜索、如何翻译语言、怎样分类图片、如何对短信的回复提出建议、怎样绘制汽车路线以及如何实现无人驾驶……更不用说打败世界上数一数二的阿尔法围棋了，但是谷歌还是将如此重要的技术开源了。[28]

在 2017 年 9 月由谷歌 PAIR 项目（人与 AI 研究）[29] 举办的一次研讨会上，时任 TensorFlow 产品经理的 29 岁的扎克·斯通告诉我为什么谷歌将如此重要的软件免费公开。[30] 与特斯拉一样，谷歌也是出于利益和理想的考量。通过软件的开源访问，社区可以免费扩展和调试该软件，这样谷歌可以更好地为用户服务。如同最小化可行产品一样，谷歌了解 TensorFlow 产品需求的方式是通过观察用户如何实际使用它，以及用户如何以谷歌自己意想不到的方式来使用 TensorFlow。和特斯拉一样，TensorFlow 的程序库和 API 可以成为行业标准，这使得谷歌的技术能够与未来的产品互通。

谷歌开源技术的普及率远高于特斯拉的开源专利，部分原因是使用软件库比建造工厂生产符合特定规格的汽车要便宜得多，风险也小得多。此外，谷歌也不要求公司通过共享其技术来回报自己。最终，谷歌理解了 Drupal 的布伊泰尔特所阐述的教训：除非企业致力于建立和维护社区，否则开源 API 和标准是不会被采用的。

这似乎起作用了。在 TensorFlow 开源的一周年之际，斯通在谷歌科研博客上发布消息称，已有 480 人为该软件做出了贡献，其中包括许多谷歌公司外部人士。两年后，这一数字达到 1 600。[32] 在第一年，谷歌发布了大量的代码库，用于执行高价值的任务，比如识别图像中的对象。至关重要的是，谷歌工程师和社区的其他成员花时间回答了工程师使用的公共问答网站上的数以千计的问题——截至2018年12月，在Stack Overflow问答网站上有超过1.8万个问题。[33]谷歌的这一协同努力已经达到预期效果，即启动人工智能市场，使创建的产品具有互操作性，从而变得更有用，也确立了谷歌在这类软件开发中的中心地位，即使对谷歌外部进行的开发工作来说也是如此。[34]

发生这种情况是因为谷歌采取了传统意义上的战略：领导层决定将机器学习作为公司发展的核心，并将资源集中于这一目标。但是这一战略所集结的力量并不仅限于谷歌。它不是通过下达具体的命令，也不是通过做效果清晰可见的事情，而是通过网络效应来吸引其他人参与。

\* \* \*

在采用这些新的战略方法制定战略时，这3个组织都决定接受互操作性宇宙的基本不可预测性，而不是抵制它。Drupal精心培育开源软件平台和开发人员社区，以便全球任何人都可以构建能够为Drupal项目增值的产品。构建内容的互操作性——一种适用于特定场景的自定义图片浏览器往往也适用于其他场景——会使附加价值成倍增长。特斯拉和谷歌正在构建其生态系统，以使其产品和服务被更广泛地使用，并且通过发布代码和工具帮助他人以有价值的方式充实这些生态系统。两家公司都明白，被广泛接受的标准可以创建吸引更多参与者的市场，从而更快地建立起这些市场。当然，如果特斯拉和谷歌的标准能成为这些新兴行业的标准，那就能提升它们的市场地位。

当然，这些方法也存在风险和弊端。开放平台面临的竞争压力和任何其他产品都一样。除非你提供真正独特的价值，否则开发人员不太可能涌向你公开提供的产品和服务。这种战略还需要承诺能长期维护平台，否则，依赖于你平台的开发人员将发现他们的产品会被破坏。当然，你如果不是特斯拉或谷歌，就很可能无法推动行业标准的建立。所有这一切都需要资金，并且有风险，因为你有可能支持了错误的标准，或者你不得不维护只有少数人使用的开源 API。开源不是免费的，但封闭也有其代价。

## 第二步

第一步：收内裤。

第二步：？

第三步：获利。

1998 年的剧集《南方公园》中的这份"商业计划"掀起

了一股模仿热潮，因为很显然，即使是多年前那些刚起步的高科技初创企业也没有意识到从一个好的创意——当然，"收内裤"不是——到公司正常运作并能营利有多难。

这个笑话的笑点在于，它缺失了衔接因果的关键步骤。不仅仅是内裤企业家——在这一集里碰巧是侏儒——不知道第二步是什么。笑点恰恰是，他们相信存在一个能给他们带来利润的第二步，这种确信就像以正确的速度和角度推动母球就会打进8个球一样荒唐。但是，正如我们在本书中看到的那样，拒绝了解本身就是一种非常有效的战略。

\* \* \*

长期以来，我们一直困惑于如何思考可能性。现实很简单：它是我们踩在脚下的东西。但是可能性可以是许多不同种类的东西：它们可能是尚未发生的事情；它们可以成为本来可以成为的样子，即使它们永远不会成为现实；它们可以是幻想、梦想、恐惧、预测、欲望或错觉。但是总的来说，可能性是由它们唯一的共同点来定义的：它们是不真实的，包括尚未成真的、永远不会成真的和永远不可能成真的东西。

互操作性使可能性变得触手可及。我们知道这一点，因为每次我们给手机买错了充电器或者为电动牙刷买错了小配件，我们都会在不可互操作的系统上受挫。

我们已经研究过严肃的战略方法——军事、兰德博弈论、场景规划、瞬时竞争优势，每种方法都经历了一个阶段，在每个阶段中，可能性的范围都得到扩大，然后会缩小为唯一将要被采取的行动——即便麦格拉思推崇的瞬时竞争优势在这一点上不是那么明显。目标是筛选减少、缩小未来的可能性。这就是决策的暴政。

这种方法适用于牛顿时代。你不想分散有限的资源，你想集中精力，因为你在箭头后面施加的力越大，箭头前进的能量越大。牛顿和麦克尼利也是这样认为的。同样，在谈到颠覆大型组织的战略时，我们有时会说，"这就像改变一艘战舰的航向"，这是牛顿第一定律的直接应用：运动中的物体往往会保持当前的方向向前运动。它越重，改变航向所需的能量越多。战略一直是我们的企业战舰，因为实物和组织资源很难被重新分配——有时是因为我们优化了后勤和组织流程去支持长期、非敏捷的战略，因为我们假定未来是有序的。这是最初催生战略思想的假设。

但是现在，我们至少可以在一定程度上分离决策与战略。Drupal、特斯拉和谷歌正在这样做，它们提供工具和服务，让公司以外的人能够自行决定创造超出公司预期的产品。同样，采用不同形式的敏捷开发，围绕内部 API 开发软件，向市场投放最小化可行产品或采纳麦格拉思的建议，使用这样一种战略——对一个决策说"是"，对其余决策说"否"，从而避免或最小化决策成本。

我们的产品和流程通常由数字网络来协同，因此，这种战略方法现在是可行的。它们的数字化本质上意味着，只需要敲敲键盘我们就可以更改它们。手指不仅比穿过摇摇欲坠的桥梁的疲惫士兵灵活得多，而且困扰代码的仅仅是系统漏洞而不是炮弹。数字创作的网络化意味着，用户和创作者之间的界限是人为设置的。通过减少对产品的控制，这些界限就可以被超越，这可以成为一种战略举措，从而从根本上提高产品的价值。如今，机器学习正在指导我们生活的方方面面，它正在引发一些不可避免但又无法解决的问题，即世界是如何超越我们有限的理解力的。我们最终可能无法回答这些问题，但是我们曾经设想的那种越来越有控制力的战略似乎在否认战略本身。

在我们的新世界中，可能性与我们过去所习惯的完全不同。在一个钟表宇宙中，一件事要么发生，要么不发生。没有发生的可能性证明了事件终究是不可能发生的。但是，互操作性创造了可以被实现的真实可能性，并且可以由那些创建了互操作性工具和资源的人所不认识的陌生人来实现：我们可以打通我们创造的产品与服务，让这些服务与我们的数据一起运转，我们也可以把自己的内容和这些数据结合起来。这是我们以前无

第五章　战略与可能性

法做到的，但是现在这些系统可以互通了，我们就可以做到了。也就是说，互操作性创造了真正的可能性：无须等待进一步的技术变革、获得许可或其他人的创见和执行，可能性就能变成可行性。

当然，组织将继续追求缩窄可能性的战略，并将资源集中在其选定的目标上。但是在过去的 20 年里，我们已经不再认为企业的自然状态是一座堡垒，有一堵厚厚的墙将内部和外部牢牢地隔开。现在，企业认为自己嵌入了一个由供应商、客户、合作伙伴甚至竞争对手组成的混乱网络，这种情况已经相当普遍，甚至成为常态了。[35] 企业不遗余力地开放自己的流程，欢迎用户的反馈，并使其更广泛地参与到自己的生态系统中。事实证明，商业堡垒是一种社会建构，而不是自然形成的。

从功能上讲，这种向网络化或可渗透的商业视角的转变，可以描述为互操作性的提高。曾经被狭窄且正式的渠道分隔开的系统，现在已经能够相互影响：与用户共同创造产品；多方营销对话，而不是单向地传播信息；与竞争对手共同创立标准联盟。推倒定义商业模式的旧墙，可以被更好地理解成企业战略性行为或有意为之的行为，这样做是为了提升企业与其他系统的互操作性。企业这样做是为了使更多的可能性成为现实，因为这意味着这些可能性将变得更加不可预测，它们很可能在企业陈旧的、摇摇欲坠的围墙之外被实现。

这与我们之前靠缩小可能性并押注的未雨绸缪战略相去甚远。在一个互通的世界中，每个事物都会影响其他事物，所以，前进的战略可能是开辟尽可能多的路径，让每个人都能同时、一起或者分开冲向前方。

第五章　战略与可能性

## 尾声：战略模糊

厚积薄发。

这是华为创始人兼董事长任正非在2016年传达给17万名员工的四字成语。[36] 这个成语源于中国文学中的一个经典故事，可以追溯到11世纪的北宋诗词大家苏轼。

任正非会定期讲这样的诗句。这些信息是这家全球最大的电信设备和服务公司创始人的战略沟通，所以，他致力于找到准确的诗句来表达它们。但是，准确的诗句不一定能明确而完美地体现公司的战略。相反，任正非选择模糊表达的诗句。各个级别的员工都被邀请加入一个学习小组，尝试理解这4个汉字，每个汉字都有丰富的含义。[37]

我们可以想象，如果一位美国首席执行官这么做，他就一定会在网络上受到嘲笑，因为他企图让自己显得睿智且高人一等。但在华为这种做法就不一样了。员工不会认为这句诗有某种清晰而正确的含义，某种任正非本可以在备忘录中写出来的含义。他们需要破译的并不是老板的秘密消息。相反，这种做法要求员工将他们的经验、价值观和感受带入形成共同思想和价值观的小组讨论。在讨论中，他们可能会发现集团和公司的新目标、新方向，以及理解他们现状的新视角。

如果你的战略要求是"用所有的木头做一支箭"，那么领导者至少要清楚箭的指向。但是，如果企业的目标不仅仅是在可控制的范围内射中小靶心，晦涩模糊就是有好处的。

首先得声明，在许多情况下，清晰当然是至关重要的。如果你在撰写飞机维修手册，你不能告诉读者："去把左边那个东西拿出来，放在另一个东西下面，摇一摇，直到听起来更好为止。"首席财务官不能在年度报告中写"我们损失了一大笔钱"，然后就没下文了。清晰明确通常是必需的。

但是模糊有一些清晰无法比拟的优势。

相较于清晰，模糊赋予了员工更大的想象空间。例如，如果你的老板为了发布一个产品而给出详细清晰的指令，这些指令就会对你产生控制力。如果你决定增加一场系列网络研讨会，或者给某个重要的渠道提供独家预览，你就可能因没有遵守那些清楚明了的指令而受到谴责。反过来，假如你的老板让你推出一款产品，但并未明确说明你该如何去做，这就说明，她赋予了你想象、决定及创造的权利。模糊解放了你。

模糊可以激发创造力。当我们在夜空中看到的只是点缀着星光的黑色帘幕时，我们可以用想象把它们连成像勺子、猎人、螃蟹形状的线条。我们变得富有创造力。在商业领域，当一群人用头脑风暴来解决一个难题，或者发现自己置身于一个旧的假设可能无法成立的新领域时，同样的事情也会发生。

模糊促成参与。当一切都清楚明了之后，对话就会变得务实且可行。我们敲定细节，并受效率之神的指引。但是，当前进的道路模糊不清时，甚至当我们还不知道该走向何方时——箭头指向何方，我们反而会在脑海中反复思考。我们会质疑身边的人，然后一起扩展可能性。清楚的内容对每个人来说都是一样的——这是清楚之所以为清楚的部分含义。模糊的内容对每个人来说都是不同的，因此它激发出每个人的独特之处。

模糊之所以有这样的力量，是因为清晰不是人类的自然状态。我们的生活充满不确定性，有时我们很难看清前方的道路。清晰是一个有用的工具，但模糊中往往存在更多的真理。

第六章

# 进步与创造力

Chapter Six

# Progress and Creativity

## 第六章 进步与创造力

1954 年，美国西电股份有限公司制作了一个 5 分钟的视频。在视频中，一个梳着精致发型的红发女郎带领我们一步步认识了旋转号盘电话机。[1] 首先，在电话簿里查找号码，她用愉快的声音引导我们，这让人觉得一切都会很容易。"拨号时把号码放在您面前可以节省时间。"好主意！现在，拿起听筒，听拨号音。

演示进展得很顺利，她在一个小比萨饼大小的电话拨盘上做着演示。"拨号时，请注意我的手指按住所拨号码稳稳地转到底。现在我把手指松开，让拨号盘自己复位。"

但是接下来是一个意想不到的严肃时刻："在每次拨号时，如果您的手指没有完全转到底，您就会拨错号码。如果您往回拨拨号盘，那么您也会拨错。"

从这段视频中，我们学到3件事。

第一，如何拨打电话。

第二，当主持人面带微笑地警告我们不能转动拨号盘以加快其返回速度时，她已经预料到我们会犯错误，因为我们自以为能加速这个步骤。这是一个自然而然的错误，因为我们创造了工具，让未来朝着我们期待的方向发展。但是对旋转号盘电话机来说，这只是事实的一半。是的，我们顺时针旋转拨号盘，但是实际的拨号发生在逆时针旋转的行程中，而该行程不受我们控制。我们拨打的号码是通过电话网络以一系列定时电脉冲的形式被发送的。转动拨号盘加快返程会打乱它们的节奏。因此，电话内部有一个调节器，它可以向后拉动拨号盘，这种感觉就像在湿玉米淀粉中搅动手指（你可以找时间尝试一下）。我们的指导老师不得不以严肃且友好的语气警告我们不要尝试，因为电话公司料到我们会与调节器做斗争，安装调节器就是为了防止我们预期的加快拨号的冲动。产品设计者预料到我们的错误使用方法，并为之做了准备。

第三，制作指导用户使用最新功能的视频这一行为表明，你正在采取的步骤将是你产品时间线上新的里程刻度。在上述例子中，这个里程刻度是人们不需要接线员自己就可以拨打电话的开端。这些刻度标记在一条线上，这条线是我们想象的未

## 第六章 进步与创造力

来的形状：从左向右画，慢慢向上倾斜，每一项成就都有标记。

电话产品时间线上的下一个刻度有它自己的意义。1962年世界博览会展示了取代旋转号盘电话机的按键电话机，这向我们展示了未来。美国电话电报公司（AT＆T）并未提及其运营商从1941年就开始使用按键电话机了。但是自那时起到1962年，按键电话机已经成为现代化的标志。最终，电话进入计算机时代，这一成就完全值得在时间线上留下印记。

然而，事实上，按键电话机要是放在今天，我们可能会称它为"黑客行为"。给人的感觉是，它们像计算机一样是数字化的，但实际上它们却普通得就像亚历山大·格雷厄姆·贝尔的小胡子。电话系统从一开始就被设计用来传递人类的声音。这种预期意味着，让按键发送模拟信号——人类音域内的可听音——比将底层语音系统转换为离散状态的数字信号的数字网络更容易。

尽管如此，按键拨号仍然是一个巨大的成功，即使是现在，我们的移动设备也在模拟老式的按键键盘，按下对系统而言毫无意义的按键——一个数字系统模拟一个模拟数字系统的模拟系统。[2] 并且，我们现在还在谈论拨号键盘。这种持久性证明了旋转号盘电话机和按键电话机的发明是值得被时间记住的。

我们可以选择值得被铭记的伟大发明，因为进步是我们讲给自己的故事。这个故事将复杂的创新历史浓缩为一条时间线。

例如，下面是电话发明历史的一个合理的时间线。

| 电话被发明 | 贝尔电话公司成立 | 耳机和话筒分离的两件套电话被合二为一的一件套电话取代 | 旋转号盘电话机问世 | 按键电话机问世 | 无线电话和传真机在市面上出现 |
| --- | --- | --- | --- | --- | --- |
| 1876年 | 1877年 | 20世纪30年代 | 20世纪50年代 | 20世纪60年代 | 20世纪80年代 |

这绝对是一个进步。但是，即使我们把1959年推出的"公主电话"也算进去，对于今天我们口袋里的设备来说，像这条时间线一样的时间跨度也是我们无法想象和无法忍受的！如果每天都没有新的应用程序可以查看，每年都没有新的手机型号可选，我们就会感到困惑，甚至愤怒。

但是，进步在本质上正发生着最重要的变化，这个变化不是速度上的而是形状上的：讲述一维故事的一维线条现在正逐渐展现出其自然的复杂性。新的进步形态反映了宏观层面上——自上而下——的变化，不仅体现在我们认为的事件的发生机制上，而且体现在推动我们的故事向前发展的因素上。

## 进步的发明

1967年，著名的教师兼学者查尔斯·范多伦在4个论断中仔细阐述了进步的实质。（1）"人类历史存在着明确的变化模式。"

## 第六章　进步与创造力

（2）我们知道这种模式。（3）它"从长远来看，是不可逆转的"。（4）"不可逆转的历史变化方向是朝着更好的方向发展。"[4]

还有第五个论断不在清单上，因为范多伦在他那近500页的书中详细讨论了该论断：某种原因让该模式出现并持续下去。如果认为这只是一次偶然事件，跟掷骰子没什么区别，我们就会称其为运气，而不是进步。范多伦指出，进步背后有11种不同的力量，他将它们分为两大类：由宇宙的本质（上帝、自然法则）引起的进步和由人类引起的进步。[5]

举个例子，废奴主义的一神论牧师曾讲出这样的话，"道德世界的弧线很长，但最终会弯向正义"[6]，马丁·路德·金曾引用这句名言，他相信这两种驱动力的结合。1853年，西奥多·帕克认为，道德的进步是因为人本身道德中的神圣性会最终胜出。但是他想知道，这条弧线为什么那么长？帕克解释说，虽然自然规律——牛顿定律——是可靠且可预测的，但是道德法则只有在我们听从自己的良知时才会发生作用。我们常常无法听到也无法听从那安静的声音。道德进步的驱动力是对神圣法则（范多伦的第一驱动力）的人类关注（范多伦的第二驱动力）。

那么，技术的进步又是由什么推动的？直到最近，这个问题的明确答案都一直是"无"。因为进步的概念似乎并不适用于技术，就像我们现在认为它并不适用于时尚或地壳运动一样，尽管原因不同。要想知道为什么我们花了这么长时间才认可技术也是可以进步的,我们首先必须快速回顾一下进步本身的历史。

* * *

"人类之手所能创造的一切,要么被人类之手推翻,要么最终被长久且持续地消耗殆尽。"[7] 沃尔特·雷利爵士在他 1614 年出版的未完成的百万字的《世界史》的序言中这样写道。[8] 这种悲观情绪并没有激怒任何人,因为对每个人来说,这都是显而易见的(就像进步的进程对我们来说一样明显):一种文明越古老,就会变得越弱小、越腐败。[9] 毕竟,文明就像人类的身体,不是吗?这就是为什么我们产生了这样的想法,即它需要一个领导者来管理,并且有政府机构。所以我们可以假设,就像人的身体一样,文明一旦成年,就会开始衰落。[10](这种思路是理解宇宙的包容性的一部分,而这种理解需要通过在各个层面寻找宇宙各部分之间的相似之处。)即使后来被视为处于学识和艺术巅峰的古希腊人,也认为自己的文明与宙斯掌权之前的最初的黄金时代相比,是向衰落迈近了一步。[11] 基督教关于人类的堕落和即将到来的天启给这个故事增添了决定性的结局。甚至在 19 世纪早初期,浪漫主义者就哀叹人类失去了童年的天真,并赞扬那些抵制"文明"的腐朽影响的"高尚的野蛮人"。

沃尔特·雷利爵士的史学研究并不是反进步论,因为根本没有进步的概念可供反对。在那个年代，博学意味着熟练掌握所有希腊和罗马研究智慧与美的学者：亚里士多德、西塞罗、维吉尔以及与他们相同级别的大师。甚至文艺复兴时期的天才们也不认为他们正在超越经典，而是坚信他们正在复兴经典；文艺复兴意味着"重生"。例如，1509年由达·芬奇配图的一本书描述了黄金比例的辉煌——文艺复兴时期艺术家推崇的一个具有特定比例的矩形，它被认为是根据柏拉图的形状理论推导出来，并通过基督教对上帝的理解加以诠释的。[12] 如果它是真实或美丽的，或者两者兼而有之，它一定就是希腊人或罗马人发现的。

因此，当1687年，有人在法兰西学院的一次会议上朗读夏尔·佩罗——我们称他为童话这一体裁的创作者——的一首诗时，人们感到很震惊，因为其中包含了一些大逆不道的诗句：

博学的古代，从古至今，从未像我们今天这般富有智慧。[13]

傲慢自大！骇人听闻！观众愤怒地叫喊着要求停止朗读这些诗句。

那次会议只是法国所谓古今之争的开场。[14] 那些主张进步思想的人坚持认为，古代世界是建立在迷信的基础上的，而现代世界通过弗朗西斯·培根爵士开创的新科学方法增长了我们的知识。

  5年后，这场争端已席卷英吉利海峡。政治家、广受欢迎的作家威廉·坦普尔爵士撰写了一篇论文，毫无疑问地反对进步。[15]坦普尔是我们今天所称的科学否认者，他质疑地球围绕太阳旋转，以及心脏把血液输送到我们的静脉和动脉中。[16]令人尴尬的是，坦普尔用来证明他的观点的某些伟大的古代作品比他想象的要现代得多，其中一个竟是完全伪造的。[17]

  坦普尔去世后，其前私人秘书，年轻的乔纳森·斯威夫特在1704年出版了一部奇怪的讽喻小说，书中讲述了古代和现代书籍之间的一场血战。[18]在一篇名为"书籍之战"的寓言中，斯威夫特嘲笑现代人高估了自己的价值，嘲笑他们陷入了恶毒且无意义的争吵，并且没有意识到他们对古人智慧的亏欠。

  "书籍之战"受到传统主义者的欢迎，但是胜利转瞬即逝。[19]现代的进步思想开始扎根，带来广泛而深刻的变化。

  但是工具依然没什么进步。

## 事物的进步

  绳就是一根绳子。让跳绳这件事发生的是你。

——米奇·赫德伯格

## 第六章　进步与创造力

1750年，23岁的安·罗伯特·雅克·杜尔哥在其文章中正式提出进步的概念，他也因此收获赞誉。尽管这是一篇精美的文章，但现代读者翻阅该文章迫不及待想看到的是关于技术进步的首次论述。

这篇文章在谈论了哲学、政治、国家行为等方面的进步之后，终于涉足了技术进步，比如纸、玻璃、风车、钟表、眼镜和指南针的发明。[20] 但是杜尔哥看不到技术本身的进步或者这些进步如何改善了我们的生活。而技术的进步——或者被他称为"机械艺术"——与我们从这些进步中获得的知识有关。例如，如果一个钟表匠发现了一种用于制造齿轮的新合金，那么进步就不在于改进了钟表，而在于钟表匠发现的冶金学知识。事实上，杜尔哥提到的唯一一项发明实际上是印刷机，但那是因为它的直接作用是提高知识水平："这些从尘土中抢救出来的古代珍宝立刻人人传看，传播到世界的每个角落……用它那尘封的古代智慧来呼唤天才的觉醒。"[21]

在衡量人类文明的发展时，工具实在太微不足道了，因为工具本身被认为是毫无价值的。工具的价值取决于我们用它做什么。没有我们，跳绳都算不上绳子，只是地上一段扭曲的纤维。

19世纪，随着重大技术革新带来广泛而巨大的影响，工具变得越来越重要，我们开始注意到工具本身的进步：蒸汽机、火车、电报、早期汽车。[22] 这些发明受到称赞——在许多情况下也受到指责，因为它们引发了我们生活的骤变。然而，即便如此，工具也没有重要到让人费心去编写它们的历史。

这种对工具缺乏兴趣的现象在塞缪尔·斯迈尔斯于1861年出版的一系列广受欢迎的图书中表现得尤其明显，这些图书讲述了英国人在工程方面的壮举。斯迈尔斯讲述了伟人的故事，这些伟人凭借他们的英雄气概改变了泰晤士河的流向，排干了英格兰的沼泽，并与大自然的力量进行了不朽的斗争。但是，这些英雄用来完成惊人壮举的工具在这些故事中基本上不值一提。专注于工具不仅会错过要点，还会贬低故事的价值。工具什么都不是，伟人的勇气和品格才是一切。

认为工具对历史有任何贡献，似乎就像从拿破仑的马鞍角度来写一部关于拿破仑军事天才的历史。

直到20世纪50年代，工具的完整历史才被写成英文：五卷本的《技术史》。学术期刊《技术与文化》用了一整期的篇幅来介绍这套书，称其是科技史作品的首创，尽管也有一些疑似的先例。[23] 即便这样，这套书也不过是列举了几个世纪以来的一些微小进步。这些进步使手推车更坚固、更容易滚动，使耕牛更容易犁地，使计时器更小、更准确。[24] 这样的历史基本上是每项发明的一组冗长的时间线。

因此，即使我们给了工具应得的赞誉，我们也只会将工具的历史整理成单调的时间线。计算机的问世将让这些时间线成为过去式。

## 生成性引擎

斯迈尔斯关注的是蒸汽机，而不是其他技术，因为蒸汽机提供的动力"能够同样应用于转动磨坊、提水、划船、驾驶马车以及最艰难的劳动"。[25] 也就是说，蒸汽机是一台引擎：它驱动其他事物。什么事物？任何可以利用活塞往复运动的事物。

水车是一种引擎，它通过圆周运动来研磨面粉或者锯木料。风车也一样。但是，这些早期的发动机必须安装在能源附近。而蒸汽机可以放在任何地方——包括在行驶的火车前部，并将能源带在引擎旁。这使得过去仅仅是梦想的可能性成为现实。斯迈尔斯认为，罗吉尔·培根在 13 世纪幻想战车和海上船只"以不可估量的力量移动，而没有任何野兽来牵引它们"时，他的大脑一定是想到了蒸汽机。[26]

让斯迈尔斯对蒸汽机兴奋不已的特征也是计算机之所以重要的本质原因。这两种技术都是引擎，而引擎是一种特殊的工具。

典型的工具是为了实现特定的目标以某种特定的方式改变世界。锯子是一种工具，因为它能锯木头，这样我们就可以建造东西。调料架是一种工具，因为它可以让我们放置调料并快速找到我们想要的品种。温格 16999 瑞士军刀是一种有 87 种用途的工具。工具是我们传统的未雨绸缪战略的组成部分。

所以，如果说开罐器是用来打开罐头的，而蒸汽机可以利用连杆的往复运动来做功，那么计算机是用来做什么的？

我们就来看看计算机。计算机是一种工具，可以用于模拟空间探测器进入冥王星的路径。计算机是一种工具，可以用于计算需要多少黄油来为 8 个成年人和 5 个孩子做土豆泥。计算机还是一种设置闹钟的工具，提醒你在试用的订阅内容开始自动扣费之前取消它。计算机也是一种绘制分形旋转图案的工具，它可以让你处于兴奋状态的朋友们惊讶不已。计算机没有某种单一的用途，也不能说只有 87 种用途。它的用途取决于每个人写出的独特的程序。

这使得计算机在我们的历史上很特别。除了跳、拉、系和扯断，我们不知道还能怎样使用绳子。蒸汽机最初仅限于为具体任务提供物理动力。然而，计算机可以通过对全世界的数字化来完成所有任务。这导致进步的直线变成了指数曲线。如果计算机在一个又一个领域使进步的路线螺旋上升，那么将这些计算机相互连接就是把进步的线条打成一个个结。

### 新形态的进步

在《思想的未来》一书中，劳伦斯·莱斯格讲述了 1921 年发明的一种塑料，使用者可以将其附在电话的话筒上，以减轻室内噪声。静音电话的唯一错误是，它不是由电话公司发明的。直到 1965 年，最高法院才做出一项决定——准许用户将非美国电话电报公司制造的物品连接到电话机上。[27] 在此之前，即使是非黑色电话这样稍具创新性的东西也是被禁止的，更不用说运动鞋或摩登原始人那种形状的电话了。当然，除非那是电话公司自己生产的。最高法院的创新速度并不符合我们当前的期待。[28]

以下这些更接近我们想要的。

你可能还记得第三章，GitHub 管理着同时独立工作的开发团队上传的内容——2 800 万名开发人员，8 500 万个项目。开发人员可以重复使用其他人的部分代码，甚至可以在自己的网站上"派生"其他人的项目。人们从其他人的工作中所获得的成果也可以供别人派生、修改和重复使用。

代码片段之间的关系会很快变得复杂起来，因此 GitHub 添加了一个按钮，用导图的形式，表示项目代码的使用和再使用的关系。当一个项目的代码被重复使用几次时，这没什么，但是当涉及像谷歌的 TensorFlow 机器学习那样的软件时（在 2017 年进行了 2.4 万次修改），GitHub 就放弃了绘制导图。随着派生再被派生，片段被重新剪辑，导图看起来就像满是灌木和藤蔓的丛林，密密麻麻以至无法描绘其形状，因此只能用具体的丛林、灌木、藤蔓、毛球等词语来指代它。

这种无形的形态是进步的新形态——也就是说，未来的新形态。

进步的旧斜线和其新形状之间的区别，就是以下这两种方式的区别：旧方式通过一种固定平衡轮的新方法来逐步改进时钟；新形态则将其机体砸碎，扔向空中，不去想所有散落的零部件被拾起和再利用的不同方式……不过在数字世界里，你无须砸碎时钟，就可以让它的"碎片"被别人用来做你从未想到的用途。毕竟，互联网就是"颠覆"的代名词。

如果我们坚持为互联网本身画一条向上倾斜的发展线，那么标记它的重要节点将是以下内容：观点和图像的汇合；可自由重复使用的代码库；使服务和数据可用的应用程序接口；让以上元素共同协作的标准和协议。

从史前人类制造箭头到蒸汽机的动力，我们的传统工具中包含了我们对其功能的预期。互联网之所以永远令人吃惊，并不是因为它对每种目的都无比开放，因为断开网络连接的计算机依然对不同的目的保持开放性。更确切地说，让每个有特权拥有互联网的人实现互通才是它最大的特色。实际上，在互联网上，几乎所有事物都可以——困难程度各不相同——成为通用的"目的"引擎：一种可以构建其他工具的工具。例如，即使是最早期的web浏览器，也有"查看源代码"的按钮，能向你显示 HTML 代码，这个 HTML 代码可以生成与用户交互的格式化页面，将每个 web 页面变成好奇的人的学习体验和可重用代码的来源。总体而言，互联网的生成性达到我们迄今为止只在语言中才能体验的程度。

生成性是乔纳森·齐特林在他的书《互联网的未来：光荣、毁灭与救赎的预言》中提出的概念，用来表达我们可以多么轻松地使本不是为某一目的而设计的工具服务于自己的目的。[29] 你的数字手表的微型计算机的生成性不是很强，因为它专门用于一组任务：显示一天的时间，用作秒表，用作闹钟，等等。智能手表上的计算机至少具有一定的生成性，因为它可以使开发人员——甚至是开放的开发人员社区——为它创建原始设计人员未曾预料的应用程序。你的笔记本电脑具有强大的生成性，因为它提供了广泛的强大功能，可以让任何有技能的人使用它。在系统层面，开源 API、开放的网络标准和网络协议、开放代码库以及开放许可内容都是可生成的。生成什么？我们不知道。这就是它们具有生成性的原因。

互操作性指的是不同系统中的元素能够协同工作的程度，而生成性指的是一个工具或系统以预期外的方式被使用的能力。互操作的系统是可生成的。连接可生成系统的互操作系统尤其具有生成性、创造性和不可预测性。生成性是互操作性赋能随机应变策略的程度。

生成性本身就能打破简单、清晰的线性进程，因为每个代表一种新的生成性工具的标记点，都赋能用户用它做各种意想不到的事儿，就像水从高处流下，喷涌而出。

自从大型计算机成为必不可少的商业工具以来，这就一直是我们生活的环境，而自从个人计算机成为标准工具以来，情况更是如此。不断互操作的互联网的持续可用性大大增强了其生成性。即使不作为"码农"或设计与开发人员参与互联网环境，我们也能从中受益并意识到这一点。即使是脾气暴躁的人，拒绝使用流行的国际网络，或者认为互联网在破坏个人隐私和侵蚀文明而拒绝使用互联网，我们也能听到互联网催生新事物的新故事。

对我们这些每天大部分时间都在使用互联网的人来说，我们把互联网的功能视为理所当然。我们期望能够发表评论和发布链接；我们期望能够复制、粘贴和重用内容；我们期待着惊喜；我们期望面对的挑战比以往任何时候都多；我们期望能够与他人分享我们的发现；我们期望找到一些方法让我们在线下或线上发现的内容讲得通，来解决问题或证明问题无解；我们期望其他人会把别人的成果用于令人意想不到的用途；我们期望能够重新诠释我们的发现，给陌生人以启发或快乐；我们期望，总的来说，这个新环境能够实现重复使用、可塑、重构及共享，并且达到人类这个物种在使用工具的漫长历史中从未达到的水平。并

第六章　进步与创造力　　　　　　　　　　　　　　　　　　　　199

且，我们期望用口袋里小小的手机就能做到这一切。

＊　＊　＊

新的互操作且富有生成性的当下正在颠覆我们传统的进步观念。

传统的"进步"假设一件事导致另一件事的发生：基于钟摆的钟表有发条，这样它们就可以在倾斜的表面上计时，比如在手腕和船的甲板上。生成性假设一件事会导致另一组无限且不可预测的事件的发生：GitHub 平台的项目之间具有无法明确的相互关系；游戏模组让歹徒穿上短裙，并将第一人称射击游戏变成物理引擎。

传统的进步假设存在标记点，并且每个刻度标记都会被下一个发明改进。这些标记点就像通向绿草如茵的山丘的垫脚石。生成性可以识别有些发明比其他发明更有价值，而且有一系列发明是建立在前人的基础上的，开发人员有时将这些标记点称为"版本号"。但是总体而言，具有生成性的未来不太像是一连串的垫脚石。最重要的标记点是那些能诱发成千上万个可生成性的标记点。

传统的进步是用一条直线把标记点连起来。从生成性的角度看，直线是应该被否定的。

传统的进步假设一个向前的推力：向上倾斜的线将继续前进。在当今我们最有信心继续取得进展的技术领域，这至少部分是由于这样一个事实：除非发生翻天覆地的事情，否则技术进步是不可逆转的。正如布雷登·艾伦比和丹尼尔·萨瑞维茨在《科技人类状况》一书中指出的那样：世界上第二款智能手机建立在第一款的基础之上，我们不会忘记当时的智能手机有多落后。[30] 生成性也具有这种乐观态度，但这并不是因为技术项目要遵循某种合理且不可避免的道路。科学史专家托马斯·库恩表示，科学进步应该像进化一样被视为"一个从后面推动而不是从前方拉动的过程"。[31] 推动生成性的进步的目的不是把我们拖上避无可避的上坡路，而是减少创新的障碍——通过互操作性、生成性及开放的协作网络，人类的创造力可以被用在没有这些发明就可能被忽视的需求、欲望和奇思妙想上。

传统意义上的进步一直无比艰难。我说生成性使事情变得容易，我的意思并不是说，我们再也不需要天才花费数年来实现能让人们的生活变得更美好的技术的突破，或是发现能重塑我们对宇宙运作机制的核心科学的理解。进步仍然受益于过去的"伟人"，只不过不再限于伟大的男人。当进步很难有突破时，那些进步的标记点就难以获得，而且标记点之间的时间跨度变长了。但是网络世界的生成性使得与同事或陌生人协作、反复协作及大规模协作变得更加容易。它使数十亿人可以用今天科技进步的果实来开发明天的新技术。从前，孤独的天才们站在巨人的肩膀上向右仰望，而现在，充满活跃想法的人充斥着网络，一个人的创见足以令网络另一端的人兴奋得彻夜不眠。

结果是，把巨石推上进步之山的发明者不再是进步的唯一典范。许多创新（但绝不是全部）现在都变得令人难以置信地容易，如果结果不值得我们用手指在手机屏幕上滑动，那又如何？随着障碍的消除，发明变得更有趣，甚至成为一种空闲时间的消遣。

最终，传统的进步就像一个故事，因为这就是我们想要的。"你知道，最早的机械钟没有表盘，僧侣需要花很多时间才能知道什么时候该祈祷，但是随后……"如此循环，直到最终我们有了可重新编程、联网的数字手表。但是这样的故事是由那些站在斜坡上回头看的人讲述的。那条看似由两点连接起的旧时间线上的路径，实际上笼罩着实验、犯错、挫折、险些错过的机会及有意义的错误等聚成的云团。此外，标记点通常是相交的时间线的一部分：钟摆驱动时钟的发展是钟表历史上的一个重要标记点，但钟摆不仅仅是旧钟表的一部分。它们被用来在沙子上绘制出美丽的形状，以证明地球绕轴自转。它们摆动的不变性让人们开始了对谐波运动的探索，这对我们理解行星的运动和离子的运动很重要。[32] 钟摆在钟表的故事中是一个配角，但它在自己的电影中却是明星。我们坚持将进步视为一条线，这掩盖了我们这个世界对这种直线的厌恶。

为什么我们如此执着于把复杂的历史简化成简单的故事？马歇尔·麦克卢汉是对的：媒介即信息。我们简化自己的想法，把它们按时间顺序写在纸上，然后将这些纸粘在硬纸板之间。书籍擅长讲述故事，但不善于带领我们了解知识在不受限制的情况下向无限多个方向的延伸。

但是现在，我们日常体验的媒介——互联网——具有表达这个世界丰富的混沌本质所需的能力、联系和引擎。正如人工智能一直教导我们的，这是以令人欣慰的理解错觉为代价的。的确，在人工智能领域，创新的各个阶段有时似乎反映了悲伤的各个阶段：否认、愤怒、讨价还价、沮丧和妥协。用不了多久，人工智能就会成为公认的典范。事实上，对我们已经产生依赖的许多服务来说，它已经是了。

我们对机器学习的接受，很可能会像计算机本身一样，塑造我们对进步的看法。在某些领域，我们可能有充分的理由要求人工智能只通过我们可理解的过程得出结论，就像塞缪尔·巴特勒在1872年的小说《埃瑞璜》中预言的那样，我们将停止开发新机器，因为担心它们会取代我们。[33] 但在大多数领域，我们可能会继续采用基于超出我们理解的数据和关系的机器提供的建议。

前进的路线不是指向山顶的箭头，它更像机器学习世界模型的分支图。这些模型可能是我们无法理解的，但它们使我们能够看到世界、人类、事件和历史就像这些模型，而且相似度越来越高。

## 惊喜的形状

鲍勃："我能能我我任何事其他。"

爱丽丝："球有零对我对我对我对我对我对我对。"

这是两个脸书机器人用它们自己发明的语言在互相交谈。一开始它们用英语交谈，但是随着它们在所谓生成对抗网络中的相互协商，它们就发明了自己的机器人英语。[34] 这有点儿像本书前言我们提到的那两个阿尔法围棋，它们互相比赛，并产生了看似非人类的战略。在另一个案例中，麻省理工学院的计算机科学教授安东尼奥·托拉尔巴正在研究是否可以训练机器学习系统来区分住宅卧室和汽车旅馆房间的照片，但他并没有告诉系统要重点关注什么。当他检查该系统是如何做出区分时，他惊讶地发现，系统已经学会了识别壁灯，并将壁灯的存在作为汽车旅馆房间的一个强有力的标志。[35] 这有点儿像被设计出来将人的声音与交通噪声区分开来的机器学习系统，现在它已经开始理解人类所说的话了。

时间线上的标记点似乎不能很好地反映这种自我生成性。这些机器并不一定是一步一步向前进步的。大量密切相关的数据点能够产生意想不到的突发现象，就像在约翰·康威的《生命游戏》中，那种极其简单的初始配置会导致块状生物长出翅膀并飞离网格一样。

当机器学习系统不是从 A 到 B，而是从 A 到 G 或从 A 到淡紫色时，我们虽有标记点，但是没有线条。我们有进步，但是没有故事。

我们已经熟悉这种非线性运动。在网上，一次点击就能把我们带到一个我们未曾预料的子网页，并且以我们不了解的方式把我们联系在一起。我们共同建立了一个世界，在这个世界中，任何事物都可以以我们想象的任何方式联系在一起。我们在网上进行这种操作，通过机器自己在我们提供给它们的真实数据中制造的连接。网络密集连接的结构，似乎反映在机器学习根据我们提供的数据构建的世界图景中。

\* \* \*

进步的观念首先应用于知识和我们的道德本性。在这两个领域中，我们都有一个可以期待的完美终点。知识可以帮助我们全面准确地理解世界。我们的灵魂和行为可以接近其神圣的目的。当我们开始将进步应用于我们的工具和技术时，它也可以被视为朝着一个完美的终点前进：火车铁轨遍布全国，并且火车引擎运行速度更快、故障更少、所需燃料也更少；时钟的性能得到改进，可以在摇摆的船上工作，也可以在火箭飞船上工作。

完美终点的吸引使进步变得有意义，即便是现在依然如此。产品的每个版本都应该使其更好或更便宜，有时两者兼而有之。这是老式的进步。这种进步的强大足以让苹果手机的粉丝们彻夜排队等待购买最新的产品。

但是，技术进步如果突然间只意味着我们对产品进行了升级，我们就会觉得实际上我们是在退步。我们现在衡量技术进步的标准，不是看它接近完美的程度，而是看它的生成性、它带来的意料之外的变化和它对预期的颠覆。在我撰写本书时，虚拟现实技术在质量——屏幕分辨率、声音、重量、安装难易度——和价格上正取得快速但传统的进步。但是现在，质量和价格似乎只是一些无聊的限制，而我们必须克服这些限制，才能释放创造者的想象力，这些创造者将用虚拟现实做出让我们吃惊的事情。甚至在大多数人玩虚拟现实游戏之前，我们就已经迫不及待地想看到虚拟现实将如何成为一个平台，用于医学治疗、互动式的故事讲述以及新式社交。虚拟现实有望成为一种可生成的标记点，从中发散出来的线条将引导我们进入有所预期的和未曾设想的领域——那些足以让我们心甘情愿戴上傻乎乎的虚拟现实眼镜去体验的领域。

推动这种进步的因素并不强迫它朝特定方向发展。没有完美的方法来推动它向前发展。互操作性没有方向性，也不可能有。我们不是这个冰冷世界的动画设计师，不能让其屈服于我们的意愿。我们与技术的关系远比这更复杂。我们的意志——我们的存在——从一开始就由这个世界提供给我们的东西所塑造。我们和万事万物在相互的作用中彼此协作。在一个互通的世界里，我们如何做到这一点是无法预测的。[36]

生成性的进步线条可能会涌现、向前冲、向后扭转、突然中止，然后可能会突然从自己的扭曲盘绕中辟出新的支线。生成性有时将原本费力的工作变得像益智游戏一样简单，有时真的就是儿戏。这背后没有牛顿力学般的规律来推动。即使回顾过去，我们往往也看不到任何必然的痕迹。这种新型进步的动力可以是商业的，也可以是社会的，但更多时候——也许同时——是有人在她的心里觉察到，把玩某种东西或某个系统时，她能更好地理解其机理，更深层次地理解自己的本质，我们人类是什么，以及我们可能会成为什么。

我们有一个专门的词来形容运动从一个点迅速向无数个方向发散所形成的形状，这不是一条斜线。

这是爆炸。

## 尾声：我们从事物中学到了什么

———————————————

我宣布，我们正在建设的全球社会空间，它天然独立于你们试图强加给我们的专制统治。你们没有道德上的权力来统治我们，你们也没有任何强制措施令我们有真正的理由感到恐惧。

当约翰·佩里·巴洛在1996年的《网络空间独立宣言》中写下这些话时，他捕捉到了我们许多早期狂热者的一种感觉，即万维网不仅会给我们第二次机会去创造一个我们在20世纪60年代努力争取的和平、爱和理解的时代，而且这个新世界将无可阻挡地到来。

我们对这个机会的判断可能是错误的，但是我们对结果的必然性的判断绝对是大错特错的。

尽管互联网带来的改变比我们通常承认的要多，而且这种改变的积极意义也比我们自己所能相信的要多，但不可否认，网络并没有像我们想象的那样发展。我们这届互联网人在这个问题上犯了如此大的错误，原因有很多。我们严重低估了现有机构的韧性和力量。我们没有预见到网络权力的集中化。当开放网络将人们与网页连接起来时，我们没有预料到商业实体将人与人连接起来。对我而言，最让我感到羞耻的是，作为中产阶级、西方白人的特权地位使我的视野变得模糊。你的意思是，不是每个人都有闲暇时间浏览网页，也不是每个人都能自由和自信地在博客上发表自己的观点？令人震惊——但这至少是一个令人难以忽视的事实。那些处于更弱势地位的人可能会发现他们的评论被种族主义和性别歧视的威胁淹没了。这真的是骇人听闻。

　　包括我在内的互联网早期用户对自由互联网所谓无法阻挡的胜利的盲目自信更让人难以理解。这似乎是陷入技术决定论的经典案例，但我也意识到这个陷阱。那么，为什么我直接走进了这个陷阱？

　　技术决定论是一种信念，认为技术会使文化和社会发生变化。这些变化的广度和深度，以及它们那不可避免的程度，决定了你在多大程度上是一个技术决定论者。例如，1962年，历史学家林恩·怀特写道："很少有发明像马镫那样简单，却对历史产生了如此深远的影响。"[37] 马镫让长矛的后面聚集了马的全部力量，从而改变了战争，进而改变了支持骑兵的社会结构，最终导致封建主义的产生。[38] 就互联网而言，技术决定论者会说："互联网将改变政治！互联网会让我们自由！"

技术决定论已经声名狼藉到似乎只有认为互联网会威胁文明的疯子才算得上技术决定论者。当尼古拉斯·卡尔说使用互联网损害了我们长期思考的能力时，他就是一名技术决定论者。[39] 当雪莉·特克尔说用手机将会使我们的孩子变成自恋者时，她就是一名技术决定论者。[40] 他们或许是正确的。

我花了相当长的时间才意识到，我之所以认为网络必然会胜出，完全是因为我的假设。驱动这种假设的并不是技术，而是我的理想主义信念：只要有机会，人们就会急于满足自己的渴望，去联系、去创造、去发声、去表达对他们重要的事情。如果能做到这些，其他事情就无法阻止我们。我觉察到的必然性不是来自技术，而是来自我们人类对联系和创造的深层需求。

\* \* \*

但是这个答案太简单了。如果技术决定论错在把过多的影响力赋予我们的工具而不是我们人类自身，那么把所有技术的影响都归于我们人类同样是错误的，因为这么做低估了工具在塑造我们时所起的作用。

大约在我们这代人最初沉迷于互联网的时候，一位名叫安迪·克拉克的苏格兰哲学家提出一种见解，有助于解释技术如何影响了我们：我们用工具思考世界。

克拉克所表达的完全就是字面意思。把白板从物理学家手中拿走，她就再也做不了自己该做的计算工作了。把图纸从建筑师手中拿走，她就再也没办法思考楼梯的确切位置了，可能也想不出把壁橱左移，让楼梯多转一圈的改进方案。

我一读到这个想法，觉得自己好像早就知道了——这是一个无比有力的想法。我也不是唯一意识到这一点的人：克拉克关于这个话题的文章是 20 世纪 90 年代被引用最多的哲学论文。[41]

克拉克的想法似乎很新颖，因为在西方，我们从小就认为我们的思想是独立于身体的。我们的身体是有形的物质，与我们所穿的衣服和踩到的地面要遵守相同的物理定律。但是，至少从数千年的西方传统来看，我们的思想逃脱了这些定律。我们的思想是非物质的，作为灵魂，可能是永恒的。

这一愿景很美，但也会造成可怕的哲学难题。一旦觉得身体和思想是各自独立的，你就必须通过哲学上的妥协来解释这两者实际上又是如何相互影响的。从道德

第六章　进步与创造力

上讲，你很可能会贬低身体的作用，不仅将身体视为一个单纯的容器，而且认为它是使我们的思想堕落的贪欲之源。

克拉克反而要求我们正视自己是如何真正思考的。我们把名牌放在表格示意图上，来弄清谁坐在哪个位置。我们通过使用大纲视图或幻灯片来弄清楚自己对某个主题的想法，这使我们能够梳理自己的思路。我们将硬币堆成一个堆儿来数硬币。我们通过建造一个长 16.8 英里的粒子对撞机来确认希格斯玻色子的存在。我们知道的东西比苏格拉底多，因为即便在苏格拉底的反对下，我们也发展了读写能力，并把知识记录下来。[42] 我们不仅用头脑思考，还用双手和手中的工具思考。

实际上，我们所有的经验都源自我们对头脑之外的世界的交互。知识只是一个特例。

\* \* \*

漫步在水边，我们拾起了一块扁平石头。这块石头似乎能用来玩耍。我们轻轻晃动石块，用手去评估它适合做什么。但是，要让这个娱乐项目呈现在我们面前，我们需要的不仅仅是石头和池塘。我们还需要快速喝水时才能了解到的不断变化的水形态的本质。只有在那时，我们的堂兄在湖面上用石头打水漂时，我们才会笑起来。我们需要手指才能找到这块石头正面较薄的边缘。我们需要一点儿空闲的时间，没有琐事和倒计时，还要有一个没有被铁丝网围起来的水源。我们需要做好一切准备，在石头不会下沉的位置刻上圆圈标记。

整个世界都在体验我们的身体与一块扁平石头的互动。我们通过玩耍来了解自己。我们通过玩耍来学习世界是如何运转的。

这就是为什么技术决定论过于简单，难以被接受或反驳。我们与事物之间并不是简单的因果关系。我们的目的是由物质世界塑造的，而这些目的又揭示了万事万物的相关性：石头的光滑度，水面的阻力。[43]

如果我们用工具思考这个世界，如果在使用这些工具的过程中我们看到了世界真实的样子，如果我们的新工具与旧工具千差万别，那么也许我们正在转换不同的方式来了解我们的世界。

这个方式可能非常不同。我们可以拆卸汽车发动机来看它是如何工作的。我们在没有一个人彻底了解大型强子对撞机的情况下，可以问和它有关的任何问题，并期望能够找到答案。但这种方式不适用于机器学习。机器学习有效，但我们并不总是明白它为什么有效。

因此，机器学习推翻了西方文明的一个基本理念共识：只有人类才能探知宇宙真理。对古希伯来人来说，这个理念意味着上帝以他的形象塑造我们，赋予我们思想，让我们在凡人的限度内能够理解和欣赏神的创造。对古希腊人来说，逻辑既是宇宙的美丽秩序，也是我们凡人所能理解的理性秩序。这种共识意味着，我们了解世界的尝试并不是徒劳的。这意味着我们属于这个宇宙，意味着我们在这个宇宙中是特别的。

新技术正在让我们认识到，我们古老的契约已经被打破这一事实并不是技术决定论，就像说扁平石头揭示出池塘有一个隐藏的表面不是技术决定论一样。我们手里拿着工具思考世界，我们用手中的工具体验世界。每个启示都是相互的。每个启示都是完整的。

现在我们手中多了一个新工具。

第七章

# 创造　更多　意义

**Chapter Seven**

# Make. More. Meaning.

## 第七章 创造更多意义

我们在互联网和机器学习方面的成功正在改变我们对世界的看法。

当我们的工具逐渐具备模拟颗粒级的细节的能力时，我们更愿意接受世界那压倒性的复杂。

我们首先要用自己忙碌的双手学习这一点。我们的头脑落后了，这是意料之中的。

我们正处于过渡期。我们非常困惑。

这很好。

\* \* \*

是的，一本书的每一章都有尾声——一篇写作风格和思维方式都不同的文章，这是很奇怪的。但这种奇怪是有意为之的。尾声是为了表明本书不打算总结概括而是要展开话题。如果这本书有推特版本，它的推文就会是："创造。更多。未来。"

事件发生机制上的新范式不仅会影响商业、政府、教育以及我们传统上划分世界的其他领域，还会渗透到我们对一切事物的理解中。

最后一章——尾声中的尾声——试图追溯我们拥抱复杂性的一些方式。虽然它时常让我们不知所措，但它也能让我们更多地发现我们为什么追求理解：寻找一种意义感。

## 解释

我的朋友蒂莫·汉内在46岁时接受了妻子的劝告，10多年来第一次做了体检。体检结果显示：虽然需要减轻一些体重，但是他身体的所有系统都状态良好。

3个月后，一个周六的早上，他醒来感觉身体不适，妻子带他去了伦敦北部的皇家自由医院检查。后来他发邮件告诉我："我最后在那里待了一星期。他们给我做了血管造影（正式诊断为心肌梗死），植入了3个支架，给我服用了多种药物（抗血小

## 第七章 创造 更多 意义

板药物、β 受体阻滞剂和他汀类药物），其中一些药物我将一直服用下去。"之后，他就一直坚持结合药物、运动和饮食的疗法，感觉自己比过去几年都要健康。

这个故事没有什么特别的。从体检到术后治疗，蒂莫一直在接受出色的医疗服务。一切都如他和他的医疗团队所希望的那样顺利。但是，我们至少应该对这样一个事实感到好奇：虽然蒂莫最初的体检并没有预测到心脏病发作，但心脏病一旦发作，同样的证据就会被反向解读为心脏病发作的解释。

皮埃尔-西蒙·拉普拉斯会很高兴的。他那个全能的妖可以基于对任何时刻任何知识的全面了解来预测将要发生的一切，也可以轻而易举地"后知后觉"已发生的一切。对于此妖，解释与预测完全相同，区别是预测是向前看，而解释是向后看。

当然，我们现在不知道我们以后会知道什么，所以对我们来说，预测和解释是不同的。[1] 在蒂莫的病例中，医生在他心脏病发作之前和之后所知内容的最大区别是心脏病已经发作。一旦知道了这一点，我们就能看到心脏病发作的路径，我们就可以重构这个故事。

或者，至少我们认为我们可以。我们应该警惕的是，我们似乎特别擅长做事后诸葛亮。比如，昨日股价下跌，是因为股民担心中东局势。我们镇投票反对学校增税，是因为人们认为镇政府在财政上不负责任。我们前面的车在绿灯亮时动也不动，是因为司机可能在发短信。如果有什么事情发生，我们就会设想造成它的原因。我们是一个特别倾向于做解释的物种，即便我们只是在编故事。

我们之所以能这样做，是因为我们先入为主地认为，"解释"只需要指出类似必要条件的原因，或者"要不是因为某某"，比如，"只因少了颗钉子，一个王国就消失了"——或者，对常人来说更常见的原因，"要不是那颗钉子，我的车就不会爆胎"。

"我们轧到了一颗钉子"是对轮胎漏气的一个很好的解释，特别是当钉子显然还扎在轮胎里的时候。但是，事实上，还有许多其他适用于这种情况的解释：要不是我们迟到了，不得不走捷径走了有钉子的加德纳街；要不是用了没有铁坚硬的材料制成轮胎；要不是钉子如此尖锐，能够穿透像轮胎这样坚硬的材料；要不是我们出生在充气轮胎发明之后；要不是没有使用太空磁铁把所有铁质物体从地球表面吸走……以此类推，直到我们完成了类似拉普拉斯妖的工作——列出所有必须发生的和未发生的事情后，发现自己被困在黑暗的道路上，然后翻阅说明书去查找应该把千斤顶放在哪里。

以"必要条件"作为解释的形式深深地扎根于我们的思维，部分原因是解释的社会角色。在科学研究之外，我们通常想对与我们预期不同的事件进行解释：为什么我们要有一套公寓？为什么我会胃痛？为什么即便我按了喇叭，前面车里的那个家伙也能在整个绿灯期间一直坐着不动？对每一种特殊情况，我们都找到了"要不是因为某某"的解释，这种解释指出了每种情况中的特殊因素：特殊的、有区别的事实。

必要条件会在解释特殊情况时起到重要作用：轮胎上的钉子是一种解释，因为钉子是我们可以加以改变从而解决问题的那个要素。我们不能回到过去，选择不同的道路或者改变橡胶和金属的相对硬度。但是我们可以把轮胎上的钉子拔出来。就像我们在第二章讨论的那样，解释是工具。解释不能描绘世界是如何运转的，更多时候，它们描绘了世界是如何出错的。它们可以通过挑出一个因素帮我们解决问题——拔出轮胎的钉子，把支架放入蒂莫体内。这个单一因素可能很重要，但我们生活的世界不是单因的。在关注特殊因素时，解释可以掩盖平凡事件中庞大的丰富性和复杂性。

尽管我们很不情愿，但是机器学习还是把一个令人不安的事实摆在我们眼前：在某些情况下，我们可能找不到特殊的事实或要素作为有效的解释。机器学习诊断系统的结论是——基于一系列特定的变量，艾达阿姨在接下来的 5 年可能有 73% 的概率心脏病发作。更改这些变量中的任何一个只会对概率数值产生微小的影响，这个案例可能并不存在占主导地位的"要不是因为某某"。

这让机器学习的"解释"更像我们停下脚步，或开心或遗憾地开始回顾自己一生的状态。所有的假设，数不胜数！如果爸爸没有那么支持我，或者没有那么生气；如果你没有误报那门改变你生活的大学课程；如果你从路边走下来的时候是向右边而不是向左边看；世界上有那么多的城镇，城镇中有那么多的酒馆，如果你没有走进那一家……我们能走到今天这一步——无论此刻我们在哪里——是因为发生了无数的事情，更因为太多事情没有发生。我们能来到这里，一切都是有原因的。

在这样的时刻，我们突然想起了那些"解释"没有告诉我们的东西。

### 没有解释的杠杆

2008年，《连线》杂志的编辑克里斯·安德森宣布"理论的终结"，这激怒了许多科学家。[2]部分原因是这篇文章的副标题，它宣称科学的方法"过时了"。这篇文章本身并没有提出或讨论这一说法。显然，即使是杂志的编辑也没有给自己的文章找到合适的标题。

事实上，安德森一直认为，模型始终是将现实过度简化的，并指出我们在没有模型的情况下也已经取得成功的领域：谷歌能基于词汇使用模式之间的统计相关性将一种语言翻译成另一

第七章 创造 更多 意义

种语言；遗传学家可以找到基因和生物学效应之间的相关性，而不需要假设这种相关性为何存在；等等。

哲学教授马西莫·皮柳奇在针对分子生物学家发表的一份报告中总结了许多科学家的反对意见："如果我们停止发现模型和假说，那么我们还是在进行科学研究吗？科学研究……不是寻找某种模式——尽管这肯定是过程的一部分，而是寻找对这种模式的解释。"[3]

并非所有科学家都同意这种观点。科学家在2009年发布的一部论文集中，主张使用大数据分析来发现模式，并称这种方法为"第四范式"，这是2007年在海上失踪的一名微软研究员吉姆·格雷创造的术语。[4]许多但不是所有这部论文集的贡献者都认为，这些模式会产生理论和解释，但是现在，随着这些关于大数据的论断被套用到无法有效解释的深度学习上，安德森的观点再次引发争论。

然而，在一个特定的领域，不需要模型解释的实践超出了这场争论的范畴。在理解人类的动机时，我们似乎已经习惯了，我们所做的大部分事情可能没有也不需要解释。

\* \* \*

2008年，备受赞誉的学者理查德·塞勒和卡斯·桑斯坦以一个假设的学校系统案例作为其畅销书《助推》的开篇。在这个案例中，他们发现，随意改变食堂柜台上的食物摆放，可以极大地改变学生的选择。[5] 该书总结道："细微并且似乎无足轻重的细节变化会对人们的行为产生重大影响。"[6] 这是我们在本书开头介绍 A/B 测试时学到的一课。因为所有的设计决策都会影响我们的行为——"没有'中性'设计之类的东西"，《助推》认为，我们应该通过设计系统来助推人们做出我们期待的行为。[7]

这个观念影响深远，并且已被企业和政府广泛采用——桑斯坦本人已经开始在奥巴马的白宫政府工作了，因为我们已经越来越擅长这种助推了。而我们在这方面做得越来越好，是因为我们已经在很大程度上放弃了寻找对其工作原理的解释。但是，这并不是我们第一次听到用如此令人惊讶、出奇有效、非理性的杠杆来改变人的行为了。

通过比较《助推》与万斯·帕卡德 1957 年的《隐藏的说服者》，你可以了解此观点的传播时间。万斯·帕卡德 1957 年的《隐藏的说服者》是一部畅销书，该书因为对潜意识广告的警告而广为人知：在电影屏幕上短暂地闪现一个冰激凌吧的图像，即便没有任何刻意的展示，据说也能增加电影院冰激凌的销量。事实上，帕卡德的书在这个主题上花了不到两页的篇幅，其中大部分内容都是质疑它的。[8] 如今，除了偶尔有疯子宣称在《狮

第七章 创造 更多 意义

子王》辛巴头顶的星空发现了"性"的英文单词，人们一般很少听到这种潜意识广告。[9]

帕卡德真正关心的，是广告商如何通过当时所谓的动机研究（MR），来缩短我们的决策流程。动机研究采用了弗洛伊德式的心理模型。该模型认为，我们的潜意识是一个由欲望、恐惧和记忆组成的大熔炉，它为我们更高层次的意识所抑制。通过使用编码的文字和图像来激发那些被抑制的欲望，广告商可以引发强大的联想。例如，由于吸烟"确实"是一种缓解男性对其男子气概焦虑的方式，广告应该展示富有男子气概的男性在性感女士的注视下吸烟。同样，汽车表达了攻击性，家用冰箱代表"温暖和安全感"。空调代表人们"渴望回到安全的子宫"的感觉。刮胡子是一种日常的阉割。这些联想现在听起来可能很奇怪，但是，《财富》杂志1956年估计，1955年用于广告宣传的10亿美元——今天的90亿美元——来自那些用动机研究指导自己的公司。[10]

以助推理论和动机研究理论为基础的广告都旨在影响我们的选择，而我们对此一无所知。但这些广告背后的两种理论却大相径庭。助推是基于现代脑科学的支持：富有反思性的大脑之下是我们与蜥蜴相似的自动反应系统……并且，正如塞勒和桑斯坦开玩笑指出的那样，在这点上我们和小狗没什么区别。[11]自动系统反应如此之快，以至我们常常会得出错误的结论。通过激发自动系统反应，广告商可以激发我们的"反思性大脑"不赞成的行为。相比之下，动机研究是基于一种不太流行的心理学理论，该理论假设，即使是我们头脑中的非理性部分，也可以从人类的欲望、恐惧、焦虑等角度来理解。我们可以给出弗洛伊德式的心理解释，解释为什么男人更喜欢厚实手柄的剃须刀，但是对助推能起作用的解释，即便有，也更像解释长颈鹿为什么会有长脖子：有没有可能我们的进化历史让我们很容易被引导到那个方向上？我们已经远远不能用我们的理性来解释我们的行为，我们甚至已经没有办法用非理性心理学来解释了。

当然，理论仍然有价值，但是如果有办法可以影响购物者的行为或治疗遗传疾病，我们就不会在拉动杠杆之前等待某个理论出现。

## 去杠杆

我只是一项议案。是的，我仅仅是一项议案。我坐在国会山这里。

如果这些话在你脑海里唤起了一段旋律，直到第二天下午你依然沉浸在这段旋律中，那就说明在1976年到1983年，很有可能你要么是个小孩，要么已经有了小孩！当时，美国 ABC 电视台的儿童教学节目《校舍摇滚》经常播放这段很有名的音乐教育视频。[12]

如果你刚好没看过某个系列的视频，它是讲政府工作原理的。或者，这个系列的视频更多地讽刺了政府是如何不起作用的。[13] 即便如此，抱怨一台机器不能正常工作，也等于默认了它应该像机器一样机械化地运作。这就是我们的模型。

"占领华尔街运动"的组织者反对这种观点。占领华尔街运动是一个松散的联盟，组织者在他们认为权力过大的机构中建立社区营地，占领运动试图带来变革，但拒绝使用任何已知的杠杆。占领运动的组织者不认为自己是公民游说团体，也没有试图筹集资金或发放请愿书，甚至拒绝给出他们想要实现的具体变革事项的清单。

占领华尔街运动关乎制造引力，而不是杠杆。

诚然，占领华尔街运动很奇怪。也许有人会说它失败了，但这预设了成功的定义。引力——或约翰·哈格尔、约翰·西利·布朗和朗·戴维森所说的"拉力"——与杠杆的工作原理不同。[14]

杠杆的本质在于，它直接作用于某些事物。如果没用，那就是杠杆坏了，或者它可能没有作用于任何东西，在这种情况下，它就像安装在真汽车仪表板上的假方向盘一样。如果占领华尔街运动的组织者认为，一群年轻人在帐篷里待上几个月会带来立法上的改变，占领运动就是假冒的政治。如果占领运动的目标是直接带来政府改革或更公平的社会，它毫无疑问就是失败的。

如果我们把占领运动当成拉动杠杆的尝试，情况就会是这样。事实上，占领运动和许多抗议游行就像爱因斯坦所说的引力：时空被具有质量的物体重塑。被拉入引力井中的人越多，运动的质量就越大。随着引力的增加，它开始对环境产生更广泛、更强大的影响，有时距离如此之远，以至人们并不总是知道自己被它吸引了。如果你现在在考虑税收和预算提案时会想这对1%的人意味着什么，那么占领华尔街运动已经成功塑造了你的时空。

占领运动反对基于杠杆的变革理论，这不仅得到了在城市广场上扎营的激进主义者的拥护，也得到拥有脸书或推特账户的每位营销专家或个人的支持。我们现在讨论的是塑造环境的社会影响者。我们把我们的喜好、关注者和我们的支持率作为一种质量来衡量，这种质量会随着我们吸引的关注者的增多而增加，进而增加我们的引力。

公关人员过去试图通过与客户沟通来经营其品牌。现在，他们可能会讨论通过制造一些有影响力的话题，如免费产品或现金来增加其影响力。这与动机研究的方法非常不同。几十年来，人们一直认为可以通过在客户面前放置文字和图像来操纵他们，从而触发他们弗洛伊德式的无意识恐惧和欲望。它甚至不如助推理论利用大脑的进化意外来诱导我们的行为那么直接。相反，它通过增加那些在网络世界里有影响力的人的吸引力来间接诱导我们的行为。

甚至连互联网工具的功能也经常像引力一样工作。例如，从字面意义上说，推特上的标签只不过是一个标签："#"符号后面跟一个单词或一个无空格的短语，可充当同一主题里不相关推文的可搜索标签。但这忽略了"话题标签"的重要之处：标签使用得越频繁，其影响力越大。例如，MeToo运动在2018年开始流行，吸引了更多女性（和一些男性）在这个话题标签下增添自己的故事，也吸引了更多人转发。它变成了一颗巨大的彗星，充满了故事、愤怒、痛苦和承诺。它的拉力如此之大，以至已经超越了互联网的边界，开始深入文化、商业、政治和个人生活。占领华尔街运动的意义是值得商榷的，MeToo运动的意义却毫无争议。

杠杆是为机器准备的。引力是指由兴趣、注意力、思想、语言以及其他一切联系在一起的驱动力连接在一起的世界。

## 故事

当今推文更新的速度会让拉普拉斯妖都算不过来。如果一个新闻网站在我们访问 10 分钟之后还没有更新，它就会像泛黄的书页一样过时。然而，让我们在脸书上关注每个朋友的帖子，在领英上关注每个同事的最新工作进展，这也是没有意义的。过去，新闻总是以昼夜循环的方式出现，每天早晨报纸都会出现在我们的门廊上，而晚间新闻会在晚餐时间出现在我们的电视上。但是现在，人们不能两次踏进同一个"网页"。

道格拉斯·洛西科夫在其挑衅性的著作《当下的冲击》（*Present Shock*）中指出，网络正在抹去我们对未来和过去的感觉。[15] 作为他所谓现在主义的证据之一，洛西科夫指出了我们对故事的不耐烦。我们的注意力只够我们看 YouTube 上发布的热门视频，然后我们可能没看完就扭头开始看下一个网络热点了。

洛西科夫的书提及了我们所有人的感受，但是还有第二个现象指向相反的方向：我们比以往任何时候都更喜欢长叙事。[16] 当人们谈论"电视的新黄金时代"时，他们几乎总是首先指出具有数十个角色且持续多年的系列剧：《权力的游戏》《黑道家族》《绝命毒师》。正如史蒂文·约翰逊在《坏事变好事：大众文化让我们变得更聪明》中指出的那样，我们生活在一个"百小时故事"的时代。[17] 他提出的证据表明，随着时间的推移，我们的电视连续剧变得越来越复杂。这也许并非偶然，因为互联网已经获得突飞猛进的发展——它远比狄更斯的小说更复杂。尽管如此，《战争与和平》里那 600 个人物还是一种令人高山仰止的存在。即使是在长篇叙事的大片儿之外，叙事在任何领域也是根深蒂固的。叙事的播客是一种新兴的文化力量，无论是小说（《欢迎来到夜谷》《水果》）、新闻调查（《连载悬疑》《S镇》）、个人故事（《飞蛾广播时间》），还是创意故事（《美国生活》《广播实验室》）。现在还有指导叙事的相关课程和探讨叙事未来的相关会议。我们当今的叙事都是关于讲好故事的。

我们如何才能同时达到叙事和分散注意力的巅峰？

\* \* \*

两个世纪前，任何一个普通人都可以期望自己能死在出生时的那张床上。一辈子的饮食几乎一成不变，就连吃饭用的碗也可以传给孙辈。

——贝尔纳·斯蒂格勒，《技术与时间》，第二卷18

这个"裸城"里有800万个故事在上演，这只是其中之一。

——《裸城》（1958—1963）

故事作为一个整体才有意义，而故事本身讨论的也是一个整体：故事的展开让首尾呼应。这就是为什么阿加莎·克里斯蒂、多萝西·塞耶斯和其他英国推理小说界的传奇人物在1931年创立侦探俱乐部时，其成员宣誓的第一条戒律是："罪犯一定是故事开头提到的某个人。"[19] 想象一下，如果《非常嫌疑犯》的结尾，凯泽·索泽是一个电影中未被提到的车间教师，会引发怎样强烈的抗议。故事像战略一样，一般通过把一组有限的可能性缩小到一个单一的结局来运作。在一部悬疑小说中，可能性是犯罪嫌疑人及其鬼鬼祟祟的行为。在简·奥斯汀的小说中，可能性是向主人公敞开的路径，是不被传统和人物性格限定的路径。故事在封闭的可能性世界中运作。

但如今，我们比以往任何时候都更加感到，自己处于一个开放的世界。我们不断发展的全球网络每天都在创造新的可能性，遍布创造新的可能性的新可能性。我们一起创造的历史不再像一个故事，尽管当我们回首往事时，我们无疑会编造一个故事。

我们一边讲（或听）时长达100个小时的故事，一边像蜥蜴吐舌头般时刻准备朝新的方向切换注意力。这二者看似矛盾，实则不然。这些长叙事发生在联系更紧密的公众中，所以他们不得不像蜥蜴一样不停地切换注意力。毕竟，在"剧透"成为一个至关重要的标签的同时，多季传奇剧的出现也不可能仅仅是一个意外。我们需要这个标签，因为我们现在都在看这些节目，即使我们不在同一时间或同一地点看。与朋友和陌生人谈论谁将是下一个被编剧杀死的人，或者讨论某个神秘的陌生人

第七章 创造 更多 意义

对帮助我们理解开放剧情的重要性，这让我们持续参与话题讨论，让我们有一种参与作品创作的感觉。

不过，这意味着，由于大众参与了对故事情节的预测，长篇叙事必须打破传统故事的核心预期。《权力的游戏》——书和电视连续剧——没有大张旗鼓地宣传，就把那些广受欢迎的角色统统干掉了。而观众原本还以为他们会一直走到最后。作者乔治·马丁曾表示，他觉得自己有道德义务不去强化那种主角光环，即有些人因为他们恰好是主角就能避免生命危险。文学应该反映这样一个事实：所有人的生命同样岌岌可危，战争是对生命可怕的浪费。读者和观众之所以喜欢马丁的作品，并不是因为其道德立场，而是因为他们永远不知道下一个死去的人是谁，这使得这部系列剧总是出乎意料。但不管怎样，它都改变了我们对叙事作品的理解，以及我们对叙事的期盼。

因此，把我们对长叙事的注意力分散和专注视为一种矛盾是错误的。相反，它们是同一复杂性和随机性的两个层次。注意力分散处于浅层，长叙事处于深层。两者都认识到我们所处环境的庞杂细节和随意性。

两者都影响着我们对自己生活的叙事。

至少已经有整整一代人不再相信我们能一辈子做一份工作了。造成这种变化的原因是多方面的：使企业倾向于雇用临时工和自由职业者的经济因素，以巅峰性为标志的商业环境，劳动力的全球化，商业的去中介化，使全球劳动力与原子化的任务相匹配的用功平台，等等。更多的人称其为零工经济、零工时代或"任务化"，但职业似乎不再想当然地是规划生活和讲述个人故事的方式。[20]

另一种选择不一定是漫无目的地闲逛，像杰克·凯鲁亚克的越野驾驶一样的随机探险，或是在弹珠机上弹来弹去的银球。更好的做法可能是组建家庭，即遵循我们繁殖的本能。其最大的乐趣——也是担忧——来自看着每个成员踏进赫拉克利特的河流。如果我们的职业生涯不那么像一条清晰可见的狭窄道路，而更像相互依存的万物相互影响下的运动，那么至少我们有令人信服的模型来帮助我们理解它。如果我们创办的企业在其复杂、相互依存的生成性中不那么像一个精心制作的时钟，而更像我们的孩子，那么这也不算重构我们理解的最糟糕的方式。

故事是理解未来的一个重要工具，却是一个不充分的架构。向自己讲述这些故事没有任何害处，但是如果把它们视为全部或最高的真理，那就只会有百害而无一利。

## 道德

正如我们在第一章的尾声中看到的那样，正常王国和意外王国正在改变它们的关系,"实然之地"和"应然之地"也是如此。

与完美的"应然之地"相比,"实然之地"有罪人、懒散者和恶棍。"应然之地"的统治者是英明的,公民是高尚的,每个人都各司其职,各尽其责。他们这样做仅仅因为职责所在。任何自我满足或自命清高都不会破坏"应然之地"动机的纯洁性。因此,当我们这些凡人想知道什么是我们应该做的道德上正确的事情时——毕竟这个问题总是存在,我们会抬头看看"应然之地"发生了什么。但是因为我们仅仅是凡人,所以我们并不总能做我们应该做的事情——这就是为什么,正如我们所见的,道德宇宙的弧线如此之长。

在西方哲学史上,"应然之地"发生了什么的问题经常变成争论的焦点而不是原则。例如,在"应然之地",公民遵循"不可偷盗"的原则,那么你能用偷来的苹果拯救你垂死的祖母吗?不能。除非有更高的原则说:"你应该牺牲财产权来拯救生命。"("应然之地"明智的统治者无疑会更优雅地表达这一点。)

这种道德哲学的原则方法被专业人士称为道义论。虽然它有几个重要的竞争对手,但其中最著名的是结果主义,因为它考虑行为的结果来决定其是否道德。结果主义者很可能认为为祖母偷苹果在道德上是可以接受的,假设偷窃唯一受损的是杂货商,那么这是可以忽略不计的成本。

如今，一种特定类型的结果论已经出现，并统治了我们的道德思考。功利主义可以追溯到 19 世纪早期，当时哲学家杰里米·边沁审视了整个英国的社会阶层，宣称一个从未受过教育的扫烟囱工人的苦乐，与拥有最好的鼻烟及雪利酒的贵族的苦乐同等重要。因此，边沁说，要确定一种行为是否道德，我们只需要简单地累加每个受影响的人都会感受到的快乐和痛苦，并平等地对待每个人的痛苦和快乐。然后，我们应该做那些能带来最小的总痛苦或最大的总快乐的事情。

功利主义在很长一段时间里感觉像是对道德的背叛，因为我们通常假设道德行为是你应该做的，不管它会带来怎样的痛苦或快乐。我们认为，我们需要道德，正是因为做正确的事往往需要自我牺牲或痛苦。功利主义把一切都从"应然之地"移除，除了对痛苦和快乐的计算。在仅仅着眼于结果的时候，我们排除了传统上使用的大部分关于意图的道德词语。

你可以从我们对电车问题的思考的变化中看到这一点，该问题是菲莉帕·富特在 1967 年的一篇哲学文章中首次提出的。[21] 在文章中，富特探讨了一种被称为双重效应学说的天主教教义。该教义认为，为了支持更高的道德原则，一些道德上错误的事情是被允许的，但前提是你的本意是善的。为了探讨这一点，富特要求我们想象一下现在最著名的道德困境：你是一个路人，看到一辆电车朝轨道上的 5 个人驶去。你可以拉动操纵

第七章 创造 更多 意义

杆，将电车切换到只有一个人的轨道上，或者可以不采取任何行动，但你知道这会导致 5 个人死亡。你应该拉动操纵杆吗？

如果你基于功利主义的原则说应该，那么富特会问，为什么一个外科医生不能杀死并解剖一个健康的人来获取可以拯救其他 5 个病人的器官呢？功利主义的计算是一样的：五命换一命。但是——这将变得很棘手——双重效应学说认为，杀死某人作为拯救他人的一种手段是错误的，比如通过从一个人身上获得的器官去拯救 5 个病人。但是轨道上的 5 个人由于你切换了轨道而得救了，只不过另一条轨道上刚好有一个不幸的人。如果你能设法把那个人从轨道上拉下来，你还是会救下那 5 个人。但是，除了杀死一个健康人，没有其他方法可以挽救这 5 名患者，他们的救赎就是依靠这个人的死实现的。这些直接意图和间接意图之间的区别对最初的电车难题的争论是至关重要的。

是的，现在这听起来不仅令人困惑，而且一点儿都不重要，但这就是重点。[22] 自从富特将电车难题带入我们的视野以来的 50 年里，我们的文化已经迅速地把功利主义升级为默认的道德标准，因此我们花更少的时间仰望"应然之地"，忽视意图的重要性，花更多的时间评估纯粹的后果。意图、责备和内疚现在感觉像是我们的内在状态，与需要权衡利弊的后果截然不同。原则并没有完全从我们的道德对话中消失，但会让人觉得过时，或者更糟糕的是：让 5 个人死去来保持意图的纯洁性似乎是一种自我满足。

我们将道德决策交给人工智能系统，加速了基于原则的道德的衰落。因为那些系统是没有意识的，它们本身也没有意图，因此它们不能区分直接意图和间接意图。道德的互操作性——将其转化为编程代码——正在影响我们的道德观念。

想想艾萨克·阿西莫夫在1942年撰写的一篇短篇小说中的"机器人学三大法则"。（那个故事被写进1950年出版的《我，机器人》一书，该书是2004年电影版的基础。）

第一条：机器人不得伤害人类，或者因不作为而使人类受到伤害。

第二条：除非违背第一法则，机器人必须服从人类的命令。

第三条：在不违背第一及第二法则的情况下，机器人必须保护自己。

这3条可执行的道德原则构成一个层级结构，使机器人知道是否应该偷苹果来拯救人类——是的，它应该——而不必因道德原则的相互矛盾陷入无休止的争论。

这种方法回避了我们人类在应用原则时遇到的问题。例如，我们都同意杀戮是错误的，但是我们中很少有人相信这条原则

第七章 创造 更多 意义

是绝对正确的。这就是为什么我们不能就死刑、堕胎、无人机袭击、死刑的合理性、让电车开向 5 个人而不是一个人，或者回到过去杀死尚在襁褓中的希特勒等问题达成一致意见。解决这些问题需要拉普拉斯妖，它要彻底理解人类历史、心理学、文化价值观、个人历史、社会规范和每种情况的特殊性。即使那样，我们也可能会像亚伯拉罕为拯救所多玛和蛾摩拉与上帝辩论那样与其争辩。

因此，我们不能指望我们的机器比我们更善于将道德原则应用于特定的案例。我们只能指导它们从特定的输入中得到什么样的输出。这就是阿西莫夫的 3 条原则。[23] 例如，我们希望我们的自动驾驶汽车系统能够降低交通事故的死亡率。如果高速公路上发生意外事件，例如一头鹿跳过栅栏，或者闪电击中我们前面的汽车，我们不会给自动驾驶汽车提供必须遵循的原则，而是指示它们与路上的其他自动驾驶汽车联网，找出导致死亡人数最少的通用方案。这是工程问题，不是道德问题。

在工程设计的背后，当然也有价值观——我们对自动驾驶汽车进行编程，将死亡人数降到最低，因为我们重视生命。但是人工智能只有指令，没有价值观或原则。这就像训练一只狗在陌生人进入院子时吠叫——狗可能会听从你的指示，但它不太可能知道，这些指示背后的原则是你对私有财产神圣性的坚持。

但是在这里，我们遇到一个棘手的问题。将价值判断程序化意味着，计算机要达到我们所要求的具体和精确程度。然而，关于价值观的讨论往往是混乱、不精确和争论不休的。例如，我们在第二章的尾声中谈到控制人工智能的必要性，以便在试图实现我们赋予它的最终目标时——例如，首先拯救高速公路上的生命，然后减少环境污染——这些系统不会凌驾于我们的道德原则之上，尤其是公平原则之上。[24] 这很重要。因为我们不希望人工智能固化，或者更糟的是，扩大历史上的不平等。

但是，我们如何将我们的价值观精确到符合计算机的要求呢？例如，如果一个机器学习系统正在通过求职申请筛选候选人，那么女性占多大比例会被认为是公平的？50% 似乎是一个很好的起点，但是假设女性申请者的数量明显低于这一比例，因为性别偏见已经将其在该领域的存在降到了最低。我们应该设定 50% 的比例吗？还是应该从 30% 开始，并在设定一段时间后达到 50%？也许我们应该从 70% 开始，以弥补过去由性别偏见造成的不平等。正确的数字是多少？我们该如何决定？

它很快变得更复杂了。机器学习专家仍在提出各种各样的公平性，这些公平性是用计算机能理解的程序化术语表述的。"机会均等"公平的发起人莫里茨·哈尔特声称，例如，如果我们只是做到机器学习系统批准贷款的人群分布与整体人口分布相似，或是与那些申请了贷款的人的人口分布相似，那就是不够的。如果这就是机会均等的全部要求，那么即便你在申请贷款的人中随机选，甚至是选机器学习系统认为贷款风险很大的人，也能满足这个要求。相反，哈尔特认为，你应该努力确保有同等偿还贷款能力的男性和女性成功获得贷款的比例相同。[25] 其他人则认为这还不够：应该要求男性和女性成功获得贷款的比例和被错误地拒绝贷款的比例（错误是因为他们会偿还贷款但依然被拒绝了贷款）也要一致。从那以后，对话变得非常复杂。

这些还只是机器学习专家关注并讨论的一些公平类型。还有更多类型。事实上，在一个关于公平和机器学习的会议上，有一个演讲的题目是"公平及其政治的 21 个定义"，尽管这个标题有点儿调皮地夸大了现状。[26]

无论我们在哪种情况下决定采用哪种公平的定义是最合适的，计算机对精确指令的需求都迫使我们面对一个我们通常能够避免的事实：人类对于什么是不公平比什么是公平更加清楚和确定。

这种认知上的失衡绝非罕见。英国哲学家 J.L. 奥斯汀在反驳"现实"作为哲学概念的用处时，也提出过同样的观点。[27] 我们使用"真实"这个词主要是因为我们需要从很多方面确保一个东西不是不真实的：一辆真实的汽车不是玩具、一件赝品、一种幻觉、一种错觉、一个舞台道具、一个愿望等等。我们有一个庞大而清晰的词汇表，来描述事物是如何不真实的。但这并不意味着我们能总结说，真实也能有一个清晰明确的定义。

同样，一件事有很多种不公的方式，并且我们很善于发现它们。可这并不意味着公平的含义就那么清楚，也并不是说公平是一个无用的概念，而是恰恰相反。但公平扮演着不同于不公的角色。当我们宣布某事不公时，我们不仅仅是陈述事实。我们宣称不公是一种引发愤怒感的方式，这种愤怒感让我们团结——同意的人就是你的同伙——和行动。另一方面，我们很少大喊："这很公平！"更常见的是，人们耸耸肩表示结束讨论，而不是开始讨论。

人工智能将迫使我们在以前可以忽略的公平的精确性问题上做出决定。解决这些争议可能需要有争议的政治和司法程序。程序化的公平性对精度的要求会使公平更像一笔买卖，而不是一种理想。我并不是说这有什么问题。

但是，还有一个经验同样可能会减少我们向"应然之地"寻求道德指导的冲动。卡罗尔·吉利根在1982年的《不同的声音》一书中指出，男人倾向于做原则性的事情，而女人倾向于照顾需要帮助的人。男人的眼睛仰望着"应然之地"，而女人注视那些被影响的人。吉利根当然知道她的论断是一种共性的概括，而且这种共性在当下不一定像40年前那么适用。但是这种区别是真实存在的，并且超越了性别。

## 第七章 创造 更多 意义

　　仰望道德原则避开了具体个案的特殊性，在从特殊性中归纳的普适性中寻找道德价值。同样，当功利主义者计算一种行为将带来的愉悦和痛苦的总和时，他们也是在整体上衡量道德，而不是在考虑每种情况的特殊性。现在，功利主义者会适当地反驳说，总和实际上反映了每个人的快乐或痛苦，但为了便于计算，功利主义者必须暂时忽略他们实际代表的个人。在越南战争期间，针对罗伯特·麦克纳马拉领导的国防部的投诉之一是，他们使用"死亡人数"作为衡量成功的指标。因此，无论是道义论者还是功利主义者，在追求应然时其实都忽略了个体所受的影响，只不过方式不同。

　　这可能使我们想起了我们传统上对支配宇宙及其子域的普遍性规律的盲目自信，并且可能使我们想起将一般定律应用于一个偶然的、互通的、富有生成性的宇宙是无比困难的，比如，我们很难把一般规律用在行为动机和亲人身上。我们可能会发现，一般规律把细节像拂头皮屑一样从其肩膀上拂去，而结果却证明这些细节至关重要。

　　最近，伦理学上最重要的转变也与此相关。美德伦理学注意到道义论和功利主义方法的问题，转而问了亚里士多德式的伦理学的基本问题：一个幸福的人生应该是怎样的？他们的答案不是列出某些可供遵循、可供计算的原则。相反，现代美德伦理学认为，幸福的人生应该是能够让人蓬勃发展的人生。蓬勃的本质是开放的。你如何蓬勃发展,取决于你是谁,取决于你拥有哪些美德——古希腊意义上的"优秀"。蓬勃不是最终状态,而是对我们所面临的不可预测的机遇和障碍的回应。现代美德伦理学是由一位女性发起的——伊丽莎白·安斯康柏在1958年发表的一篇著名论文[28]中提到,而且与之相关的许多最重要的工作(尤其是关于护理伦理学的工作)都是由女性完成的,这并非偶然。[29]

我们在一个又一个领域,看到这种逐渐远离只谈原则和计算的新式伦理:我们正逐渐不再把复杂的现象简化为一般规则和法则的个例,并开始承认每个个例的独特性。

机器学习系统极度非道德化。它们只是机器,而不是代表正义的机器。但是,在为这些系统程序化我们道德观的过程中,我们进一步远离了统治"应然之地"的原则性道德。这可能同时导致两个相互矛盾的结果。如果我们不加控制地将道德外包给人工智能,那些弱势群体就可能被那些根本不想听他们声音的匿名统计系统欺凌。我们也可以在应该坚持人类自主决定有利于公平和人类发展的领域中,出于懒惰而把控制权交给人工智能。与此同时,我们的机器根据比人脑更详细和更个体化的模型处理个例的能力,也可能改变我们自己的道德模型,鼓励我们更密切地关注那些特殊的和涉及个体的细节。正是这些细节,让每个道德处境像"实然之地"的每个个体那样独

第七章 创造 更多 意义

特而真实。

## 意义

网络未能完全提炼出哑铃的本质。

这是谷歌计算机科学家得出的结论。他们将一堆哑铃的图像输入一个深度学习系统，然后要求它绘制一个它认为哑铃应该的样子。[30] 正如我们在第二章中提到的，该系统成功地画出了从不同角度展示哑铃的图像，但是许多图像上的哑铃都怪异地带着举重运动员悬空的手臂。这被视为略带搞笑的失败。

但这是一次失败吗？这取决于"意义"是什么意思……

\* \* \*

我们长期以来理解意义的方式，和我们把"必要条件"理解为解释的方式是相似的。亚里士多德通过告诉我们一个事物的定义——它的本质——是它所在的类别，以及在这个类别下它与其他同类的区别。例如，人类属于动物，但我们与其他动物的区别在于我们的推理能力。我们是理性的动物。

几千年来，我们在这种意义的观念中找到了慰藉：不仅有一种秩序，而且秩序的原则是简单一致的。例如，在18世纪，卡尔·林耐将每种动物、蔬菜或矿物都归为一种类别，并将每一类别按照类似万物组织结构图的层次结构进行分类。科学的属种名称仍然反映了林耐的亚里士多德式的分类法。[31]

但是在19世纪末，一种不同的想法开始出现。瑞士语言学家费尔迪南·德·索绪尔提出，每个单词都存在于一个与其相关但又不同的词汇网络中。运动鞋的意义关乎它与鞋、靴子、高跟鞋等的相似及不同之处。这些词中的每一个都处于它自己的词汇网的中心，而其他词是它的近义词或反义词。

意义作为一种混乱的关系语境——不管是网或网络——的概念已经变得非常普遍，部分原因是将这种语境运用起来已经成为可能。例如，脸书的社交图谱和谷歌的知识图谱将信息原子连接起来，而不必考虑应将它们归为哪个类别。一个图谱可以将苹果手表的信息与其他智能手表、数字手表、模拟手表、有关数字手表制造方式的描述、钟表历史、钟表宇宙哲学、时间物理学、所需原材料来源的地图、使用强迫劳力的来源、涉及数字手表的文学作品、佩戴手表的人的照片、数字显示器的科学知识、高中男孩在计算器的液晶显示器上输入像是"BOOBS"的80085数字的操作等任何与之相关的事情联系起来。这些节点中的每个节点本身都连接着更多的片段，比如索绪尔意义网中的单词，网络上的超链接页面，以及机器学习系统为自己构建的模型中的数据。

我们的旧技术没有那么丰富的意义。20世纪50年代"垮掉的一代"坚持在邦戈独奏间隙举着"我不是一个数字"的牌子。第一代计算机的确将员工、库存、流程等简化为少数当时落后的技术可以处理的几个字段。现在，我们不必担心计算机会把我们简化到打孔机卡片上可以放下的大小。恰恰相反，它们太了解我们每一个体，以及我们是如何互相联系在一起的。如果我们现在开始怀念美好而原始的昔日时光，这就是可以理解的。

过多搜集和连接数据会引发隐私泄露等明显问题，但与此同时，我们也获得了无限的意义。亚里士多德和林耐试图通过准确地引用两种关系来描述事物的本质：它与其所属类别中的其他事物的相似性和相异性。从本质上讲，这种方法假设每一事物都可以从本质上区别于其他所有事物。我们的新观点用各种可想象的方式，包括一些只有我们的机器学习系统才能看到的事物与其他事物之间数量庞大的、非系统的联系来表达意义。在一个相互联系的世界中，事物之间的界限不是由事物的本质决定的，而是由我们的意图决定的。

那么谷歌的人工智能在识别哑铃的任务上失败了吗？是的，如果我们认为事物只有在其与其他一切事物区分开的时候才是其本来的面目。但是，如果你是外星人，那么哪张照片能让你更好地了解哑铃是什么，孤立的哑铃还是谷歌人工智能挑选出的图片？哑铃剔除了与人体、锻炼器材、健康、死亡率和虚荣心的复杂联系后，是否还是哑铃？

当然，有时候我们需要精简的意义——例如，当你尝试在产品目录中查看一个哑铃的手柄时。但是，你要检查手柄，是因为你已经知道哑铃是要握紧并举起的重量，而这么做的目的是让自己变得强壮，更有魅力，或者最终获得你母亲的认可，成为一名有竞争力的举重运动员。精简的意义只有在事物与其他事物之间杂乱的、可催生的、隐性或显性的联系中才能被理解。精确是以牺牲意义为代价的。复杂是一切意义的根源。

通过这种方式，互联网上协作性的、闹哄哄又混乱的链接，以及机器学习不受复杂性限制的模型，远比亚里士多德或林耐试图用手术刀般的精度来阐明意义的尝试，更能代表事物的本质。

## 未来

如果装饰你桌子的地球仪在代表山脉的区块做一些表面的凹凸，那么这个地球仪可能比它所代表的地球更凹凸不平。事实上，要较真的话，如果你的地球仪有保龄球那么大，那么它应该比保龄球还光滑。[32]

## 第七章 创造 更多 意义

我们的计算器假设我们只需要那么大或那么精确的数字，并让我们在两者之间做出选择。

我们之所以能够对传统计算机编程，只是因为我们愿意指定相对较少的分步规则，从我们在全球各地植入的传感器中读取数据，并提前写好处理方式，以应对我们能预料的异常。

面对无比复杂的世界，我们通过找寻并缩小可能性面对未来。

现在，我们有了新工具。它们有时会得出超出我们理解能力的结论。它们用概率及百分比表达自己所认为的真相，确定性已经标志着一个即将被犯下的错误。它们创造了一个因特殊性而蓬勃发展的充满联系和创造性的世界。它们开启了一个世界，在这个世界里，每个微粒都相互依存，而粗暴的解释只会侮辱这种复杂的关系。

这些新工具远非无可挑剔。实际上，如果不加控制，它们就会以最残酷的方式对待最弱势的群体。但是，我们之所以制造这些工具，总的来说，是因为在大多数时候，它们都是有效的。它们向我们表明，我们不再需要通过缩小未来的可能性生存下去。恰恰相反，我们可以通过创造更多未来的可能性而让人类更蓬勃地发展下去。

这个未来不会安定下来，不会自行解决问题，也不会屈服于简单的规则和期望。感到不知所措、困惑、惊讶和不确定是我们面对世界的新常态，而这反映了人类对真实世界的认识。

我们正处于一个新悖论的起点：我们可以比以往任何时候都对未来更具掌控力，但我们驾驭世界的技术和认知手段，恰恰证明了这个世界已经超出我们自欺欺人的理解。

这种悖论与历史最初那种让我们仰望星空，让我们不断发展智慧与文明的敬畏感在本质上是相同的。

敬畏永存。这种敬畏可能出自对我们人类不配拥有的恩典的感激。时间长河奔涌而过数十亿年，而我们居然还能在脚下的这片大地上生活，这种无以复加的可能性令人敬畏。面对可知的一切，我们的理解在某些方面如此贫瘠，但在另一些方面又如此丰富，这无疑是一种令人敬畏的特权。但同样，敬畏总是开放的，它让我们的思绪在未曾思考的土地上生根发芽，让风轻轻拂过我们的字句。不管怎样，敬畏都开启了世界更多的可能性。

现在，我们的工具终于能帮助我们更好地做到敬畏了。

# 注释　　　　　　　　　　　　　　　　　　　　　　　　Notes

## 前言

1. Riccardo Miotto, Li Li, Brian A. Kidd, and Joel T. Dudley, "Deep Patient: An Unsupervised Representation to Predict the Future of Patients from the Electronic Health Records," *Scientific Reports* 6 (2016): article 26094, https://perma.cc/R2GY-YBQQ.

2. There are many ways of computing this, but one calculation says that there are $10^{800}$ possible moves, which works out to $10^{720}$ for every atom in the universe. "Number of Possible Go Games," Sensei's Library, last modified June 25, 2018, https://perma.cc/2JPY-KMVF. Some estimates put the number of chess moves at $10^{120}$. The number of atoms in the universe is generally estimated at around $10^{80}$. To get a sense of how vast these numbers are, keep in mind that $10^{81}$ is ten times larger than $10^{80}$.

3. Cade Metz, "The Sadness and Beauty of Watching Google's AI Play Go," *Wired*, Mar. 11, 2016, https://perma.cc/UPD4-KVUR.

4. Big Grammar has declared that *Internet* is no longer to be capitalized. That is, I believe, a mistake. Likewise for the *Net* and for the *Web*. But I have lost this battle with my culture. So, in this book the Internet and the Web—capitalized here for the last time in this text—will be treated as if they were just pieces of technology and not unique, lived-in domains.

5. Dan Siroker, "How Obama Raised $60 Million by Running a Simple Experiment," *Optimizely Blog*, Nov. 29, 2010, https://perma.cc/TW5M-PHJ5. See also Richard E. Nisbett, "What Your Team Can Learn from Team Obama about A/B Testing," *Fortune*, Aug. 18, 2015, http://perma.cc/922Z-5PMA.

6. Brian Christian, "The A/B Test: Inside the Technology That's Changing the Rules of Business," *Wired*, Apr. 25, 2012, http://perma.cc/H35M-ENAA.

7. For example, "Baltimore after Freddie Gray: The 'Mind-Set Has Changed'" increased readership by 1,677 over "Soul-Searching in Baltimore, a Year after Freddie Gray's Death." Mark Bulik, "Which Headlines Attract More Readers," *Times Insider*, June 13, 2016, https://www.nytimes.com/2016/06/13/insider/which-headlines-attract-most-readers.html.

8. Katja Kevic et al., "Characterizing Experimentation in Continuous Deployment: A Case Study on Bing," *ICSE-SEIP '17: Proceedings of the 39th International Conference on Software Engineering: Software Engineering in Practice Track* (2017): 123–132, https://doi.org/10.1109/ICSE-SEIP.2017.19.

9. Sean Hollister, "Here's Why Samsung Note 7 Phones Are Catching Fire," CNET, Oct. 10, 2016, https://perma.cc/HKM2-VQBB; Kate Samuelson, "A Brief History of Samsung's Troubled Galaxy Note 7 Smartphone," *Time*, Oct. 11, 2016, https://perma.cc/NQ7F-9ZCT.

10. See Elizabeth Landay, "From a Tree, a 'Miracle' Called Aspirin," CNN, Dec. 22, 2010, http://perma.cc/HTT2-FR5C; and J. M. S. Pearce, "The Controversial Story of Aspirin," *World Neurology*, Dec. 2, 2014, http://perma.cc/2TAJ-RC2T.

11. Josefina Casas, "5 Tricks for Writing Great Headlines on Twitter and Facebook as Awesome and Clickable as Buzzfeed's," Postcron, accessed Nov. 2, 2018, https://perma.cc/JE59-CLT8.

12. "Every Drop Adds Up," ALS Association site, https://perma.cc/V8T7-XSAN.

13. Braden R. Allenby and Daniel Sarewitz, *The Techno-Human Condition* (Cambridge, MA: MIT Press, 2010).

14. Edward Lorenz, "Predictability: Does the Flap of a Butterfly's Wing in Brazil Set Off a Tornado in Texas?," address at the American Association for the Advancement of Science, Dec. 29, 1972, https://perma.cc/L5J3-BSF7. Also see Christian Oestreicher, "A History of Chaos Theory," *Dialogues in Clinical Neuroscience* 9, no. 3 (Sep. 2007): 279–289, https://perma.cc/6U5L-QKXH. Here are two excellent explanations and explorations: James Gleick, *Chaos: Making a New Science* (New York: Penguin, 1987); and Steven Johnson, *Emergence* (New York: Simon and Schuster, 2001).

15. See *Jurassic Park*. No, really, you should see it. We watch it every year at Thanksgiving.

16. Rachel Carson, *Silent Spring* (New York: Houghton Mifflin, 1962). On the term *ecosystem*, see A. J. Willis, "Forum," *Functional Ecology* 11 (1997): 268–271, 268.

17. Roger Abrantes, "How Wolves Change Rivers," Ethology Institute Cambridge, Jan. 13, 2017, https://perma.cc/3364-BUSZ.

18. Nassim Nicholas Taleb, *The Black Swan: The Impact of the Highly Improbable* (New York: Random House, 2007).

19. Daniel Pink, *Free Agent Nation* (New York: Warner Business Books, 2001).

20. Obviously, what I say in this book does not necessarily represent the opinions or ideas of any of those groups.

## 第一章

1. Kasha Patel, "Since Katrina: NASA Advances Storm Models, Science," NASA, Aug. 21, 2015, http://perma.cc/RFN4-94NZ. See also Kelsey Campbell-Dollaghan, "Here's How Much Better NASA's Weather Models Have Gotten since Katrina," Gizmodo, Aug. 24, 2015, https://perma.cc/A7QU-RWTK.

2. Patel, "Since Katrina."

3. Progress is being made in earthquake prediction. For example, a team led by researchers at Los Alamos National Laboratory has successfully used machine learning to analyze acoustic signals to predict when an earthquake will occur . . . in the laboratory. Bertrand Rouet-Leduc et al., "Machine Learning Predicts Laboratory Earthquakes," *Geophysical Research Letters* 44, no. 18, Sept. 28, 2017, 9276–9282, https://perma.cc/566D-JAB4. There's also been progress in using deep learning to predict when an earthquake's aftershocks will occur. See James Vincent, "Google and Harvard Team Up to Use Deep Learning to Predict Earthquake Aftershocks," The Verge, Aug. 20, 2018, https://perma.cc/RJX5-DUCX.

4. Statisticians distinguish between predictions and forecasts, using tomorrow's weather and long-term climate change as their standard example, but for our purposes here we don't need to. See Nate Silver, *The Signal and the Noise* (New York: Penguin Books, 2012), for an excellent discussion.

5. G. J. Whitrow, *Time in History* (New York: Barnes and Noble, 1988), 25.

6. In an article in the *Atlantic*, Eric Weiner says of Athens in particular, "[I]n their efforts to nourish their minds, the Athenians built the world's first global city. Master shipbuilders and sailors, they journeyed to Egypt, Mesopotamia, and beyond, bringing back the alphabet from the Phoenicians, medicine and sculpture from the Egyptians, mathematics from the Babylonians, literature from the Sumerians." Eric Weiner, "What Made Ancient Athens a City of Genius?," *Atlantic*, Feb. 10, 2016, https://perma.cc/QE9X-TSZV.

7. Actually, maybe not so literally, since the ancient Greeks didn't have a word for *blue* and there is debate about their perception of color. See Ananda Triulzi, "Ancient Greek Color Vision," Serendip Studio, Nov. 27, 2006, https://perma.cc/XDU7-LDFJ. Also, *RadioLab* has an excellent podcast episode about the perception of the color of the sky: "Why Isn't the Sky Blue?," *RadioLab*, May 20, 2012, podcast, 22:23, https://perma.cc/239Y-L2C6.

8. According to Lisa Raphals, the gods couldn't reverse the Fates' decrees, but they could at times postpone them. See her "Fate, Fortune, Chance, and Luck in Chinese and Greek: A Comparative Semantic History," *Philosophy East and West* 53, no. 4 (Oct. 2003): 537–574, https://perma.cc/6WGB-7H5T. On

the broader question of the forces affecting ancient Greek life, see Martha C. Nussbaum, *The Fragility of Goodness: Luck and Ethics in Greek Tragedy and Philosophy*, 2nd ed. (Cambridge: Cambridge University Press, 2001).

9. Daniel C. Schlenoff, "The Future: A History of Prediction from the Archives of *Scientific American*," *Scientific American*, Jan. 1, 2013, https://perma.cc/UHD4-EVPG.

10. Bernard Knox, *Backing into the Future* (New York: W. W. Norton, 1994), 11.

11. Thorleif Boman, *Hebrew Thought Compared with Greek* (New York: W. W. Norton, 1960), 149.

12. John S. Mbiti, *African Religions and Philosophy* (Oxford: Heinemann Educational, 1969), 17. James Gleick mentions other cultures that do not think about the future as lying in front of them in his book *Time Travel* (New York: Pantheon, 2016), 137–138.

13. Anthony Sudbery, "The Future's Not Ours to See," preprint, submitted May 2, 2016, 2, https://perma.cc/P3J6-CYRM.

14. See the superb, detailed account in Paul N. Edwards, *A Vast Machine* (Cambridge, MA: MIT Press, 2013), 85.

15. For a fascinating, and readable, exploration of the role of divinatory prognostication in the ancient Greek understanding of cognition, see Peter T. Struck, "A Cognitive History of Divination in Ancient Greece," University of Pennsylvania Scholarly Commons, Jan. 2016, https://perma.cc/FG36-2YYP.

16. "Laplace's Demon," Information Philosopher, accessed Aug. 6, 2018, https://perma.cc/S89N-P4BB. On Laplace, see Martin S. Staum, review of *Pierre Simon Laplace, 1749–1827: A Determined Scientist*, by Roger Hahn, *American Historical Review* 111, no. 4 (Oct. 1, 2006): 1254, https://perma.cc/2RYA-9AFP. Pierre-Simone Laplace, *A Philosophical Essay on Probabilities*, trans. Frederick Wilson Truscott and Frederick Lincoln Emory (New York: John Wiley and Sons, 1902), https://perma.cc/Z6MX-T5J5.

17. Miles Mathis, "On Laplace and the 3-Body Problem," Miles Mathis's website, Aug. 6, 2009, https://perma.cc/F32C-9CD8.

18. See Herb Gruning, "Divine Elbow Room," in *Polyphonic Thinking and the Divine*, ed. Jim Kanaris (Amsterdam: Rodopi, 2013), 43. Also, the winter 2015 issue of the *New Atlantis* has excellent articles on Newton's religiosity: *New Atlantis* 44 (Winter 2015), https://perma.cc/544V-UN3F. Of particular use here is Stephen D. Snobelen's "Cosmos and Apocalypse," *New Atlantis* 44 (Winter 2015): 76–94, https://perma.cc/X3UC-CJBK; and a 1967 paper that he cites: David Kubrin, "Newton and the Cyclical Cosmos: Providence and the Mechanical Philosophy," *Journal of the History of Ideas* 28, no. 3 (July–Sept. 1967): 325–346. Snobelen writes, "Newton's so-called clockwork universe is hardly timeless, regular, and machine-like. . . . [I]nstead, it acts more like an organism that is subject to ongoing growth, decay, and renewal."

19. Laplace, *A Philosophical Essay on Probabilities*, 3.

20. Jamie L. Vernon, "On the Shoulders of Giants," *American Scientist*, July–Aug. 2017, 194, https://perma.cc/DE9Q-PPYJ.

21. Isaac Newton, *Newton's Principia*, trans. Andrew Motte (New York: Daniel Adee, 1846), lxvii, https://archive.org/details/100878576/page/n7.

22. From Julie Wakefield's fascinating biography, *Halley's Quest* (Washington, DC: Joseph Henry, 2005), 76.

23. All of this account comes from David Alan Grier's *When Computers Were People* (Princeton, NJ: Princeton University Press, 2005), 11–25.

24. Incremental steps: Monique Gros Lalande, "Lepaute, Nicole-Reine," in *Biographical Encyclopedia of Astronomers*, ed. Thomas Hockey et al. (New York: Springer Science and Business Media, 2007), 690–691. Ardor: Grier, *When Computers Were People*, 22. Removed acknowledgment: Lalande, "Lepaute, Nicole-Reine," 690–691. Unacknowledged for later work: Catherine M. C. Haines, *International Women in Science: A Biographical Dictionary to 1950* (Santa Barbara: ABC-CLIO, 2001), 174. Canceled errors: Grier, *When Computers Were People*, 23.

25. "[N]ot one word of proof or demonstration do you offer. All is probability with you, and yet surely you and Theodorus had better reflect whether you are disposed to admit of probability and figures of speech in matters of such importance. He or any other mathematician who argued from probabilities and likelihoods in geometry, would not be worth an ace." *The Thaetetus*, trans. Benjamin Jowett, https://perma.cc/U55R-3ZUE.

26. Leonard Mlodinow, *The Drunkard's Walk: How Randomness Rules Our Lives* (New York: Pantheon Books, 2008), 122.

27. I talk about the history of "information overload" in *Too Big to Know* (New York: Times Books, 2011), 5–6, with more detail in the endnotes.

28. Siobhan Roberts, "John Horton Conway: The World's Most Charismatic Mathematician," *Guardian*, July 23, 2015, https://perma.cc/64WC-9JRG.

29. You can read the rules and try it out at https://playgameoflife.com/ (https://perma.cc/WXB4-KREA).

30. Martin Gardner, "The Fantastic Combinations of John Conway's New Solitaire Game 'Life,'" *Scientific American*, Oct. 1970, 120–123, https://perma.cc/ER58-TGV3. While encouraging readers to play the game manually, Gardner notes that some colleagues of Conway's had programmed a PDP-7 "minicomputer"—"mini" because you could have fit one into a large laundry room—to run the game.

31. Alexy Nigin, "New Spaceship Speed in Conway's Game of Life," *Nigin's Blog*, Mar. 7, 2016, https://perma.cc/WY2D-5KRF.

32. Daniel C. Dennett, *Darwin's Dangerous Idea: Evolution and the Meaning of Life* (New York: Simon and Schuster, 2014), 166ff.

33. Raymond Kurzweil, *The Singularity Is Near* (New York: Penguin Books, 2006).

34. Stephen Wolfram, *A New Kind of Science* (Champaign, IL: Wolfram Media, 2002).

## 第二章

1. Alexandra Gibbs, "Chick Sexer: The $60K a Year Job Nobody Wants," NBC News, Mar. 4, 2015, https://perma.cc/7FYE-6KZR.
2. Richard Horsey, "The Art of Chicken Sexing," *UCL Working Papers in Linguistics* 14 (2002): 107–117, https://perma.cc/98MF-4YZM.
3. "What Does a Chicken Sexer Do?," Sokanu, accessed Sept. 30, 2018, https://perma.cc/XYP5-FZVN.
4. This idea is usually traced back to Plato's *Theaetetus*, although as Richard Polt reminds me in an email, Socrates's interlocutors fail to come up with an explanation of what constitutes justification, and the dialogue ends without a resolution to the question of what is knowledge.
5. For example, see Robert B. Brandom, "Insights and Blindspots of Reliabilism," *The Monist* 1, no. 3 (June 1998): 371–393. Brandom offers a sophisticated analysis of this question.
6. You could argue that the machine learning system's working model is also a conceptual model, but in fact there is no intelligence that has the concept, so I prefer not to.
7. See, for example, the excellent introduction to machine learning by Adam Geitgey, "Machine Learning Is Fun!," Medium, May 5, 2014, https://perma.cc/FQ8X-K2KQ.
8. Richard Dunley, "Machines Reading the Archive: Handwritten Text Recognition Software," *National Archives Blog*, Mar. 19, 2018, https://perma.cc/NQ9R-NCZR.
9. Sidney Kennedy, "How AI Is Helping to Predict and Prevent Suicide," The Conversation, Mar. 27, 2018, https://perma.cc/D8K4-ERZV. For an excellent and highly accessible discussion of these issues, see Cathy O'Neil's *Weapons of Math Destruction* (New York: Crown, 2016) and the upcoming work *Smart Enough Cities*, by Ben Green (Cambridge, MA: MIT Press, 2019). (Disclosure: I edit the book series publishing Green's book.)
10. Nate Silver, *The Signal and the Noise* (New York: Penguin Books, 2012).
11. Paul N. Edwards, *A Vast Machine* (Cambridge, MA: MIT Press, 2013), 85.
12. Ibid., 94–96.
13. Ibid., 123.
14. Silver, *Signal and the Noise*, 386.
15. Jonathan M. Gitlin, "Krakatoa's Chilling Effect," Ars Technica, Jan. 9, 2006, https://perma.cc/XET2-GY9K.
16. Richard Mattessich, a professor at University of California, Berkeley, and two grad students created the Budget Computer Program for mainframes in the early 1960s. See Paul Young, "VisiCalc and the Growth of Spreadsheets," RBV Web Solutions, last updated May 7, 2000, https://perma.cc/2HRF-73RZ.
17. Steven Levy, "A Spreadsheet Way of Knowledge," *Wired*, Oct. 24, 2014, https://perma.cc/YQ8H-CCRK.
18. Dan Bricklin, "The Idea," Dan Bricklin's Web Site, accessed Sept. 30,

2018, https://perma.cc/55SU-NBSM.

19. Dan Bricklin, "Patenting VisiCalc," Dan Bricklin's Web Site, accessed Sept. 30, 2018, https://perma.cc/3UF9-UPAW.

20. Levy, "Spreadsheet Way of Knowledge."

21. George E. P. Box, *Robustness in the Strategy of Scientific Model Building* (Madison: Wisconsin University Mathematics Research Center, 1979), 2, https://perma.cc/7E54-AGVG.

22. "Armillary Sphere," Museo Galileo, accessed Sept. 30, 2018, https://perma.cc/9Y3G-V42C.

23. Oxford Museum of the History of Science, "Armillary Sphere," Epact: Scientific Instruments of Medieval and Renaissance Europe, accessed Sept. 30, 2018, https://perma.cc/6ZPN-LPK6.

24. Martin Kemp, "Moving in Elevated Circles," *Nature*, July 2010, 33, https://perma.cc/GW3N-VY6Y.

25. My friend John Frank, a computer scientist, read an early draft of this and commented in an email (Oct. 10, 2018),

> As a beautiful example, perhaps the canonical example, of a model foreshadowing its successor in a deeply technical manner, these many circles were approximating the Fourier components of the ellipses of the real orbits. A change of coordinates allows these Fourier components to become their simpler equivalent.
>
> Machine learning models provide a principled procedure for discovering those better coordinates that have not yet been articulated in an explanatory form.

26. C. H. Claudy, "A Great Brass Brain," *Scientific American*, Mar. 7, 2014, 197–198, https://perma.cc/7CQL-G5XG.

27. Ibid., 197.

28. Jonathan White, *Tides: The Science and Spirit of the Ocean* (San Antonio, TX: Trinity University Press, 2017): "hundreds of these eccentricities," 5–6; never saw an ocean: 115–116, 120.

29. Ibid., 152.

30. "History of Tidal Analysis and Prediction," NOAA Tides & Currents, last revised Aug. 8, 2018, https://perma.cc/XMZ2-6KD2.

31. Claudy, "Great Brass Brain," 198.

32. White, *Tides*, 202.

33. Dylan, "The Mississippi River Basin Model," Atlas Obscura, accessed Sept. 30, 2018, https://perma.cc/WL52-R2MG. The source of the $65 million figure seems to be J. E. Foster, *History and Description of the Mississippi Basin Model*, Mississippi Basin Model Report 1-6 (Vicksburg, MS: US Army Engineer Waterways Experiment Station, 1971), 2; this is according to Kristi Dykema Cheramie, "The Scale of Nature: Modeling the Mississippi River," *Places Jour-*

*nal*, Mar. 2011, https://perma.cc/DR5X-3Y34. If we assume, based on nothing, that the $65 million figure had already been translated into 1971 dollars, the current equivalent would be $386 million.

34. "America's Last Top Model," *99% Invisible*, July 19, 2016, podcast, 21:25, http://99percentinvisible.org/episode/americas-last-top-model/.

35. A. G. Gleeman, "The Phillips Curve: A Rushed Job?," *Journal of Economic Perspectives* 25, no. 1 (Winter 2011): 223–238, 225.

36. "A Pioneering Economic Computer," Reserve Bank Museum, https://perma.cc/W7MH-5HLK.

37. Larry Elliot, "The Computer Model that Once Explained the British Economy," *The Guardian*, May 8, 2008, https://perma.cc/T88G-RQDB.

38. "America's Last Top Model."

39. See the "Scales" subhead on this page from the US Army Corps of Engineers: "The Technical Side of the Bay Model," US Army Corps of Engineers, accessed Sept. 30, 2018, https://perma.cc/WXZ3-3DSQ.

40. The history of this disruption goes back at least to Peter Brown's work in the early 1990s at IBM, where he pioneered translating texts through the statistical analysis of existing translations, without providing the computer with linguistic models of the grammar, syntax, or semantics of either language.

41. Dave Gershgorn, "Google Is Using 46 Billion Data Points to Predict the Medical Outcomes of Hospital Patients," Quartz, Jan. 27, 2018, https://perma.cc/NHS2-HU2G.

42. Riccardo Miotto et al., "Deep Patient: An Unsupervised Representation to Predict the Future of Patients from the Electronic Health Records," *Scientific Reports* 6 (2016): article 26094, https://perma.cc/L8YL-6Q69.

43. Julian Mitchell, "This A.I. Search Engine Delivers Tailored Data to Companies in Real-Time," *Forbes*, May 11, 2014, https://perma.cc/L3JP-8D38.

44. Jeff Curie and Greg Bolcer, email exchange with the author, July 17, 2017. See also Mitchell, "This A.I. Search Engine Delivers Tailored Data to Companies in Real-Time."

45. As quoted in David Weinberger, "Our Machines Now Have Knowledge We'll Never Understand," *Wired*, Apr. 18, 2017, https://perma.cc/SP4T-AKZP.

46. There is a great deal of work and discussion about whether all machine learning implementations will always resist explanation. See Cynthia Rudin's ten-minute video from a webinar on Oct. 2, 2018: "Please Stop Doing Explainable ML," webcast, Oct. 2, 2018, https://perma.cc/CWG3-4HUK. (It's the second talk in the video.) Here is a suggestion for how to make machine learning's "decisions" understandable without having to understand exactly how those decisions were arrived at: Finale Doshi-Velez and Mason Kortz, "Accountability of AI under the Law: The Role of Explanation" (paper presented at the Privacy Law Scholars Conference, George Washington University, Washington, DC, 2018), https://perma.cc/L275-MH4N. Also see Finale Doshi-

Velez and Been Kim, "Towards a Rigorous Science of Interpretable Machine Learning," preprint, submitted Feb. 28. 2017, https://perma.cc/2PSA-NZR4.

47. David Sutcliffe, "Could Counterfactuals Explain Algorithmic Decisions without Opening the Black Box?," Oxford Internet Institute, Jan. 15, 2018, https://perma.cc/HT5X-CV4L.

48. Deep learning systems are not the first computer programs to create their own models. John Frank, in his comments on a draft of this chapter, observed in an email dated Oct. 10, 2018, "This idea started with Leslie Valiant's 'Theory of the Learnable' which contributed to his winning the Turing Prize [https://perma.cc/H9DR-TP3H]. It was subsequently realized in a variety of fields by different domain-specific experts, such as Peter Brown et al. in 1991 for machine translation."

49. Jessica Birkett, "What the Dog-Fish and Camel-Bird Can Tell Us about How Our Brains Work," The Conversation, July 6, 2015, https://perma.cc/W28T-EERD.

50. Julia Angwin et al., "Machine Bias," ProPublica, May 23, 2016, https://perma.cc/249Q-7XCQ.

51. Dave Gershgorn, "By Sparring with AlphaGo, Researchers Are Learning How an Algorithm Thinks," Quartz, Feb. 16, 2017, https://perma.cc/V9YY-RTWQ.

52. Mix, "Google Is Teaming Up Its AlphaGo AI with Humans So They Can Learn from It," TNW, Apr. 10, 2017, https://perma.cc/5MMZ-5FXL.

53. Rory Cellan-Jones, "Google DeepMind: AI Becomes More Alien," BBC, Oct. 18, 2017, https://perma.cc/EEC4-N859.

54. Dawn Chan, "The AI That Has Nothing to Learn from Humans," *Atlantic*, Oct. 20, 2017, https://perma.cc/4EQ8-Z73X.

55. Kuhn actually talks about paradigm in many different ways. See my essay on the fiftieth anniversary of *The Structure of Scientific Revolutions*: "Shift Happens," *Chronicle of Higher Education: Chronicle Review*, Apr. 22, 2012, https://perma.cc/8XPS-84WN.

56. Nicholas Faith, *Black Box* (Minneapolis: Motorbooks International, 1997), 100–105.

57. Ibid., 103.

58. Jecelyn Yeen, "AI Translate: Bias? Sexist? Or This Is the Way It Should Be?," Hackernoon, Oct. 6, 2017, https://perma.cc/2A7N-KKSX.

59. Momin M. Malik and Hemank Lamba, "When 'False' Models Predict Better Than 'True' Ones: Paradoxes of the Bias-Variance Tradeoff" (unpublished manuscript, version 1.6, Dec. 2017), https://www.mominmalik.com/false_models_in_progress.pdf.

60. Parts of this coda are adapted from an article published on the Harvard Berkman Klein Center's page at Medium under a Creative Commons BY license: "Optimization over Explanation: Maximizing the Benefits of Machine Learning without Sacrificing Its Intelligence," Medium, Jan. 28, 2018, https://

perma.cc/H538-3Q2G. A version of that article by agreement was simultaneously posted by *Wired* under the title "Don't Make AI Artificially Stupid in the Name of Transparency," https://perma.cc/X9N4-8RBT.

61. The McKinsey data comes from Michele Bertoncello and Dominik Wee, "Ten Ways Autonomous Driving Could Redefine the Automotive World," McKinsey&Company, June 2015, https://perma.cc/G8CT-JTTD. The Tesla information is from the Tesla Team, "An Update on Last Week's Accident," *Tesla Blog*, Mar. 20, 2018, https://perma.cc/Q8CH-7HLP. It's commonly said that the National Highway Traffic Safety Administration says that 93 percent of traffic accidents are caused by human error, but it's hard to track down the source of that figure. See Bryant Walker Smith, "Human Error as a Cause of Vehicle Crashes," Stanford Center for Internet and Society, Dec. 18, 2013, https://perma.cc/9DR3-6EVC.

62. Brett Frischmann and Evan Selinger, *Re-engineering Humanity* (Cambridge: Cambridge University Press, 2018), 137.

63. Sam Levin and Julia Carrie Wong, "Self-driving Uber Kills Arizona Woman in First Fatal Crash Involving Pedestrian," *The Guardian*, Mar. 19, 2018, https://perma.cc/VB4P-27HG.

64. Devin Coldewey, "Uber in Fatal Crash Detected Pedestrian but Had Emergency Braking Disabled," TechCrunch, Apr. 24, 2018, https://perma.cc/W4L3-SVCM.

## 第三章

1. The information about Ford's design of the Model T comes from John Duncan, *Any Colour—So Long as It's Black* (Titirangi, New Zealand: Exisle, 2008), Kindle edition.

2. Ibid., chapter 1.

3. Kate Wong, "Oldest Arrowheads Hint at How Modern Humans Overtook Neandertals," *Scientific American*, Nov. 7, 2012, https://perma.cc/7H9E-V8G2. Stone spear tips believed to be five hundred thousand years old have been found in Spain. See Kate Wong, "Human Ancestors Made Deadly Stone-Tipped Spears 500,000 Years Ago," *Scientific American*, Nov. 15, 2012, https://perma.cc/ET3R-3KRJ.

4. Dana Gunders, "Wasted: How America Is Losing up to 40 Percent of Its Food from Farm to Fork to Landfill," NRDC Issue Paper 12-06-B, National Resources Defense Council, Aug. 2012, https://perma.cc/DF6M-FECX. Food packages have only had dates attached to them for about the last hundred years, a result of the distribution of food far removed from its sources. See Rosetta Newsome et al., "Applications and Perceptions of Date Labeling of Food," *Comprehensive Reviews in Food Science and Food Safety* 13 (2014): 745–769, https://perma.cc/Q3JR-PPJE.

5. Gianpaolo Callioni, Xavier de Montgros, Regine Slagmulder, Luk N. Van

Wassenhover, and Linda Wright, "Inventory-Driven Costs," *Harvard Business Review*, Mar. 2005.

6. Eric Ries, *The Lean Startup* (New York: Crown Business, 2011), 3–4.

7. Ibid., 107.

8. Ibid., 108–109.

9. Confirmed via email from Frank Robinson, Aug. 15, 2014.

10. Ries, *Lean Startup*, 97–99.

11. "From 0 to $1B—Slack's Founder Shares Their Epic Launch Strategy," First Round Review, accessed Aug. 21, 2018, https://perma.cc/73XZ-C3B7.

12. There are different formulations of this motto. This one is from Khurram Hashmi, "Introduction and Implementation of Total Quality Management (TQM)," iSixSigma.com, accessed Aug. 21, 2018, https://perma.cc/W2HT-8CWX. Another is "Do the right thing the first and every time," as in Hesbon Ondiek Yala, Harry Ododa, and Chelang'a James, "The Impact of Total Quality Management (TQM) Policy on Customer Satisfaction at Kenya Power and Lighting Company (KPLC) in Uasin Gishu County, Kenya (2010–2012)," *International Journal of Academic Research and Development* 3, no. 2 (Mar. 2018): 187–193, 187, https://perma.cc/ZC5L-BG5L.

13. Tom Peters, "Leadership for the 'I-Cubed Economy,'" *Tom Peters's Blog*, Oct. 11, 2006, https://perma.cc/M3UQ-8EKD.

14. Aneesh Chopra, interview by the author, March 9, 2014.

15. Adrianne Jeffries, "Why Obama's Healthcare.gov Launch Was Doomed to Fail," The Verge, Oct. 8, 2013, https://perma.cc/LJ7Z-Z9BN. CGI, the main contractor charged with creating the site, claimed to have used agile techniques, but it's widely disputed that what CGI thought was agile met any reasonable definition of it.

16. Frank Thorp, "Only 6 Able to Sign Up on Healthcare.gov's First Day, Documents Show," NBC News, Oct. 31, 2013, https://perma.cc/574A-VLNV.

17. Evelyn Rusli, "Behind Healthcare.gov: How Washington Is Drawing Inspiration from Silicon Valley, Twitter," TechCrunch, Aug. 6, 2010, https://perma.cc/L6QY-3RL9.

18. Robinson Meyer, "The Secret Startup That Saved the Worst Website in America," *Atlantic*, July 9, 2015, https://perma.cc/3X7S-5A8Q.

19. Rusty Foster, "Don't Go Chasing Waterfalls: A More Agile Healthcare.gov," *New Yorker*, Oct. 28, 2013, https://perma.cc/M4SG-JS7S.

20. Peter Varhol, "To Agility and Beyond: The History—and Legacy—of Agile Development," TechBeacon, accessed Aug. 21, 2018, https://perma.cc/3U6A-2J2D.

21. VerionOne, *10th Annual State of Agile Report* (VersionOne, 2016), https://perma.cc/BP34-54YK; Kerby Ferris, "Duck Typing the Gender Gap," Media Temple, Feb. 17, 2016, https://perma.cc/394U-XVQY.

22. Aneesh Chopra, "From Silicon Valley to Main Street Virginia," *White House Blog*, Aug. 11, 2011, https://perma.cc/EE6Q-W94G. The number of em-

ployees Chopra cites seems high. David Kirkpatrick in *The Facebook Effect* (New York: Simon and Schuster, 2010) says that in 2010 Facebook only employed 1,400 people.

23. Kirkpatrick, *Facebook Effect*, 19.

24. Ibid., 23.

25. Information in this and the next two paragraphs about the success of Facebook's open platform comes from ibid., 226–232.

26. Ibid., 11.

27. The information in this and the next section comes from a paper I wrote as a fellow at the Harvard Shorenstein Center on Media, Politics and Public Policy: "The Rise, Fall, and Possible Rise of Open News Platforms," Shorenstein Center on Media, Politics and Public Policy, July 10, 2015, https://perma.cc/34CU-F7KD.

28. "The First 'Official' Castle Smurfenstein Home Page," accessed Aug. 21, 2018, https://perma.cc/9AL3-T7S4. There's uncertainty about whether the first of the Smurfing mods was *Wolfenstein* or *Dragon Egg*. I contacted David H. Schroeder, the creator of *Dino Eggs*, a similar hack of *Dragon Egg*, but he wasn't sure which came first. He did say, however, "My estimate is that—of folks who played games on Apple II's—perhaps 25% of them played Dino Eggs" (personal email, Dec. 26, 2013). See also Wagner James Au, "The Triumph of the Mod," *Salon*, Apr. 16, 2002; and "History of Modding," *From Pacman to Pool* (blog), accessed Oct. 7, 2018, https://perma.cc/R94H-FEMS. For more on id Software's support of mods, see David Kushner, *Masters of Doom* (New York: Penguin, 2003).

29. "Sales of Grand Theft Auto Products Have Generated $2.3 Billion for Take Two since GTA5 Launch," *ZhugeEx Blog*, Jan. 3, 2016, https://perma.cc/VHE9-KSX8.

30. "Showing Pebblers Love with Longer Device Support," Fitbit Developer, Jan. 24, 2018, https://perma.cc/SLE8-NV8F.

31. "The Slack Platform Launch," *Slack Blog*, Dec. 15, 2014, https://perma.cc/4AC2-W5ZT.

32. Jennifer Pahlka, interview by the author, June 29, 2014.

33. Sorrel Moseley-Williams, "Adopt a Siren, Avert Disaster," Atlas of the Future, Oct. 10, 2015, https://perma.cc/SFZ9-JUB9.

34. Tim O'Reilly, "Gov. 2.9: It's All about the Platform," TechCrunch, Sept. 4, 2009, https://perma.cc/N39K-CDTQ.

35. Matt Apuzzo, "War Gear Flows to Police Departments," *New York Times*, June 8, 2014, https://www.nytimes.com/2014/06/09/us/war-gear-flows-to-police-departments.html.

36. Tom Giratikanon, Erin Kissane, and Jeremy Singer-Vine, "When the News Calls for Raw Data," Source, Aug. 21, 2014, https://perma.cc/D9MR-HJQE.

37. "About," GitHub, accessed Sept. 30, 2018, https://perma.cc/P4MD-9DYZ.

38. Arfon Smith, interview by the author, Dec. 3, 2014.

注释                                                                                      263

39. Sara Winge, email to the author, Nov. 14, 2017.

40. John Hagel, John Seely Brown, and Lang Davison, *The Power of Pull* (New York: Basic Books, 2010), 34.

41. Kevin Kelly, *The Inevitable: 12 Inevitable Forces That Will Shape Our Future* (New York: Viking, 2016).

42. Jerome H. Saltzer, David Reed, and David Clark, "End-to-End Arguments in System Design," *ACM Transactions on Computer Systems* 2, no. 4 (Nov. 1984): 277–284, https://perma.cc/77H4-WRES.

43. Personal email, Oct. 15, 2017.

44. "Searching the Web," *PC Magazine*, Dec. 5, 1995, 55.

45. Ibid.

46. The Wayback Machine at the Internet Archive (www.archive.org) has versions of Yahoo going back to 1996. All hail the Internet Archive! For the Yahoo! page from 1996, see https://perma.cc/G837-LJ8W.

47. The number is a little hard to figure. The library reported that in 2013, 733,890 of its 18.9 million items "circulated," but a high percentage of these are likely to be the same work circulated more than once, given that the students in the same class generally read the same books. On the other hand, not all of its 18.9 million items are available to be checked out. "Harvard Library Annual Report FY 2013," Harvard Library, accessed Aug. 21, 2018, https://perma.cc/JZM2-YQYZ.

48. "Harvard University Library," Wikipedia (no source for that figure is given), https://perma.cc/7QN5-RW4U.

49. I talk about this in *Everything Is Miscellaneous* (New York: Times Books, 2007).

## 第四章

1. Sean Hollister, "After Two Weeks of Anarchy, 100,000 Simultaneous 'Pokémon' Players May Actually Beat the Game," The Verge, Feb. 26, 2014, https://perma.cc/6EWB-2QCG; Akimitsu Hamamuro, "Gravity Points," accessed Aug. 27, 2018, https://perma.cc/MFT6-8UN7.

2. John Palfrey and Urs Gasser, *Interop* (New York: Basic Books, 2012).

3. Emily Payne, "Do You Speak 'Pilot'? The 300-Word Language That Senior Air Crew Must Speak—WHATEVER Their Nationality," *Sun*, Oct. 16, 2017, https://perma.cc/X3SM-2HGW.

4. "A Brief History of Spreadsheets," *DataDeck Blog*, Jan. 31, 2018, https://perma.cc/U3DQ-CU4R.

5. GlobalData Healthcare, "Six Tech Giants Sign Health Data Interoperability Pledge," Verdict Medical Devices, Aug. 20, 2018, https://perma.cc/B5L7-QRZW.

6. Judea Pearl, *The Book of Why* (New York: Basic Books, 2018), 353.

7. "Organization of Schemas," Schema.org, accessed Aug. 27, 2018, https://perma.cc/Y9RU-N8GW.

8. Evan Sandhaus, phone interview by the author, 2012.

9. Marc Ferrentino, telephone call, Nov. 28, 2018. Disclosure: I heard about this example from our son who works at Yext.

10. Microsoft, "Cortana and Structured Data Markup," Cortana Dev Center, Feb. 8, 2017, https://perma.cc/Z76L-CFJ6.

11. H2O from Harvard's Berkman Klein Center for Internet & Society is an example of this. See "H2O," Berkman Klein Center for Internet & Society, last updated June 21, 2018, https://perma.cc/FBR6-KAUM. The Open Syllabus Project at Columbia University aims at increasing the interoperability of syllabi by encouraging their open licensing and making their elements more identifiable. https://perma.cc/P6JJ-96WL.

12. Palfrey and Gasser, *Interop*, 49.

13. Even standardizing what would count as the prime meridian of longitude was once controversial, with England and France fighting for the honor. See Clark Blaise, *Time Lord: Sir Sandford Fleming and the Creation of Standard Time* (New York: Vintage, 2002).

14. Rebecca Kesby, "How the World's First Webcam Made a Coffee Pot Famous," BBC News, Nov. 22, 2012, https://perma.cc/DNF7-PTA6.

15. Doris Wolf, "Psychopharmaka, die in der Behandlung von Angst und Panikstörungen eingesetzt werden," Angst & Panik, accessed Nov. 7, 2018, https://www.angst-panik-hilfe.de/medikamente-angstbehandlung.html.

16. There's an interesting argument about whether Newton thought that if there were just one body in the universe, it would exert gravity, or if gravity is a relationship between two objects. See Eric Schliesser, "Without God: Gravity as a Relational Property of Matter in Newton," PhilSci Archive, Oct. 2008, https://perma.cc/4Y2X-4E78.

17. Stephen Snobelen, who, as mentioned in chapter 1, says that Newton viewed the universe as being more like an organism than a mechanism, also notes that Newton speculated that comets were God's way of pulling the planets back into their perfect elliptical orbits. Stephen D. Snobelen, "Cosmos and Apocalypse," *New Atlantis* 44 (Winter 2015): 76–94, https://perma.cc/X3UC-CJBK.

18. W. Daniel Hillis, "2014: What Scientific Idea Is Ready for Retirement?," The Edge, accessed Aug. 27, 2018, https://perma.cc/X9JT-SE55.

19. Pearl, *Book of Why*.

20. Kurt Vonnegut's *Slaughterhouse Five* has a wonderful example of this, tracking a bullet backward in time from its entry into a soldier to the mining of the minerals that made it.

21. Massimo Cirasino, Thomas Lammer, and Harish Natarajan, "Solving Payments Interoperability for Universal Financial Access," World Bank, Feb. 25, 2016, https://perma.cc/79D6-E9RQ.

22. For a particularly insightful exploration of the order of the world that divination relies on and reveals, see Elena Esposito, "A Time of Divination and a Time of Risk: Social Preconditions for Prophecy and Prediction," *Fate*, no. 5 (Aug. 2011), https://perma.cc/UNH6-US2Q.

23. Michel Foucault, *The Order of Things* (New York: Pantheon, 1971), 29. The translator is not listed, but seems to be Alan Sheridan: see "Philosophy—Translations," Alan Sheridan's website, accessed Oct. 7, 2018, https://perma.cc/8ZLF-GX53.

24. Elizabeth Gibney, "The Scant Science behind Cambridge Analytica's Controversial Marketing Techniques," *Nature*, Mar. 29, 2018, https://perma.cc/8LR5-LCLG.

## 第五章

1. Zachary M. Seward, "The Steve Jobs Email That Outlined Apple's Strategy a Year before His Death," Quartz, Apr. 5, 2014, https://perma.cc/A5CV-SVL5.

2. Brenton R. Schlender, "Who's Ahead in the Computer Wars?," *Fortune*, Feb. 12, 1990, https://perma.cc/J9SA-JQKH. But he probably said it earlier; see Garson O'Toole, "Phrase: More Wood behind, All the Wood behind One Arrow," LinguistList listserv, Sept. 4, 2011, https://perma.cc/8W8H-A7PQ.

3. Lawrence Freedman, *Strategy: A History* (Oxford: Oxford University Press, 2013), 498.

4. Ibid., 69–70.

5. Burkhard Meißner, "Strategy, Strategic Leadership and Strategic Control in Ancient Greece," *Journal of Military and Strategic Studies* 13, no. 1 (Fall 2010): 3–27, 12–14, 13.

6. Freedman, *Strategy*, xii–xiii.

7. For example, in 1805 Dietrich Heinrich von Bülow explained the strategy of war the way a mathematician proves theorems in geometry, and Antoine Henri Jomini in his 1838 treatise *The Art of War* looked for the timeless principles of military strategy. Freedman, *Strategy*, 75–84.

8. Freedman, *Strategy*, 85–91.

9. Carl von Clausewitz, *On War*, 1832, trans. J. J. Graham (London, 1874), vol. 1, bk. 4, chap. 11, https://perma.cc/3GTU-XPGY.

10. Michael Hammer and James Champy, *Reeingineering the Corporation* (New York: HarperCollins, 1993).

11. Maurice Matloff, *US Army in WW2: War Department, Strategic Planning for Coalition Warfare* (Washington, DC: Government Printing Office, 1959), 9, http://history.army.mil/html/books/001/1-4/CMH_Pub_1-4.pdf.

12. See Alex Abella, "The Rand Corporation: The Think Tank That Controls America," *Mental Floss*, June 30, 2009, https://perma.cc/B5LR-88CF.

13. "The Evolution of Scenario Planning," Jisc, Feb. 20, 2008, https://perma.cc/KAB9-HG3S.

14. Angela Wilkinson and Roland Kupers, "Living in the Futures," *Harvard Business Review*, May 2013, https://perma.cc/L96E-5M9H.

15. Peter Schwartz, *The Art of the Long View: Planning for the Future in an Uncertain World* (New York: Doubleday, 1995), 71–72.

16. Pierre Wack, "Scenarios: Uncharted Waters Ahead," *Harvard Business Review*, Sept. 1985, 80, https://perma.cc/KAB9-HG3S.

17. Ibid.

18. Tim Hindle, "Scenario Planning," *Economist*, Sept. 1, 2008, https://perma.cc/TFF7-VAYT.

19. Rita Gunther McGrath, *The End of Competitive Advantage: How to Keep Your Strategy Moving as Fast as Your Business* (Boston: Harvard Business Review Press, 2013). For an excellent interview about that book, see Theodore Kinni, "Rita Gunther McGrath on the End of Competitive Advantage," *Strategy+Business*, Feb. 17, 2014, https://perma.cc/D78W-YH37.

20. This shearing of the earth of possibilities so that they become mere formal representations tracks the view of Information Theory, which was gaining currency at the time that Kahn was working.

21. Obligatory references to the 1983 movie *WarGames*.

22. Dries Buytaert, "Driesnote," slide deck, DrupalCon, Vienna, Sept. 2017, https://perma.cc/6SKS-4XWS.

23. Drupal home page, accessed Sept. 21, 2017, https://perma.cc/2VJ8-8EW8.

24. Dries Buytaert, interview by the author, Acquia, Boston, July 22, 2015.

25. Lisa Welchman, "Keynote: The Paradox of Open Growth," slide deck, DrupalCon, Prague, Sept. 25, 2013, https://perma.cc/7WNS-VAN6.

26. Elon Musk, "All Our Patent Are Belong to You," *Tesla Blog*, June 12, 2014, https://perma.cc/CYS7-V5ZP.

27. For a highly critical view of the company's battery patents, see Steve Brachmann, "Tesla Battery Patents Further Proof of Elon Musk's Duplicitous Views on Patents," IPWatchdog, May 11, 2017, https://perma.cc/SL2X-S6T3. Fred Lambert, "A Number of Companies Are Now Using Tesla's Open-Source Patents and It Has Some Interesting Implications," Electrek, Nov. 10, 2015, https://perma.cc/49GJ-SZCF.

28. See Steven Levy, "How Google Is Remaking Itself as a 'Machine Learning First' Company," *Backchannel*, June 22, 2016, https://perma.cc/N6T7-DDT2.

29. As I completed writing this book, I began a six-month engagement as writer-in-residence at Google PAIR.

30. Conversation with Zak Stone at Google's Cambridge, Massachusetts, office, Sept. 2017.

31. Open Source licensing is complex. For example, here's a useful (but complicated) discussion: "Can I use open source software commercially? Will I have to face any legal consequences?," Quora, July 6, 2013, https://perma.cc/3GDT-AHC4.

32. Email from Zak Stone, Nov. 30, 2018.

33. On Dec. 1, 2018, Stack Overflow reported 36,311 questions tagged "tensorflow" had been asked, and 17,888 had been answered. Questions tagged: https://perma.cc/NF5A-ZM5S. Questions answered: https://perma.cc/PV6K-4D4S. (Thanks to Zak Stone for these links.)

注释

34. Zak Stone, "Celebrating Google TensorFlow's First Year," *Google AI Blog*, Nov. 9, 2016, https://perma.cc/NYU6-HDY8.

35. I wrote about "Fort Business" in Christopher Locke, Rick Levine, Doc Searls, and David Weinberger, *The Cluetrain Manifesto* (Boston: Basic Books, 2000).

36. This section has been adapted from David Weinberger, "On the Merits of Obscurity," *Rhapsody*, Summer 2016.

37. Information from Walter Jennings, a public relations person with Ogilvy agency, confirmed with Huawei corporate, May 2016.

## 第六章

1. "'Now You Can Dial,' Western Electric, 1954 or 1955," YouTube video, 9:51, posted June 9, 2011, https://perma.cc/W5TX-J23A. The film was released once dials became mandatory. An earlier set of "how to dial" films were released in the late 1920s when dials were first introduced as an option.

2. It is complicated, because everything is. First, according to Brough Turner, a provider of wireless connectivity, the analog sounds generated by touch-tone systems do have meaning once you've connected to an automated system that asks you to "Press 1 to talk with . . . ," etc. Brough Turner, email to the author, June 2018. Second, according to David Isenberg, a telecommunications expert, "Touch tones that are generated by old-style phones that only plug into the phone line and don't have an electrical connection or a battery are sensed and decoded at their central office," where they are converted into digital data. David Isenberg, email to the author, June 2018.

3. Because time is a flat circle, some hotels now have QR codes that lead to online videos explaining how to use the dial phone in the room. Based on a tweet, with photos, by David Schiffman (@WhySharksMatter), "Our hotel room has a rotary phone . . . and there's a QR code on the wall to download a video that explains how to use it," Twitter, May 19, 2018, http://perma.cc/W7Y2-U3TP.

4. Charles Van Doren, *The Idea of Progress* (New York: Frederick A. Praeger, 1967), 4–6.

5. Ibid., 26ff.

6. Parker actually wrote, "Look at the facts of the world. You see a continual and progressive triumph of the right. I do not pretend to understand the moral universe, the arc is a long one, my eye reaches but little ways. I cannot calculate the curve and complete the figure by the experience of sight; I can divine it by conscience. But from what I see I am sure it bends towards justice." See my "Does the Moral Universe Arc?," Medium, June 18, 2015, https://perma.cc/7TMJ-HGUE.

7. Charles William Eliot, *Prefaces and Prologues to Famous Books* (New York: P.F. Collier and Son, 1910), 71, http://www.gutenberg.org/ebooks/13182.

8. The word count comes from Robert McCrum, "The 100 Best Nonfiction Books: No 99—The History of the World by Walter Raleigh (1614)," *Guardian*, Dec. 25, 2017, https://perma.cc/49YC-MMGZ.

9. G. J. Whitrow, *Time in History* (New York: Barnes and Noble, 1988), 46.

10. Franklin L. Baumer, M*odern European Thought: Continuity and Change in Ideas, 1600–1950* (New York: Macmillan, 1977), 118.

11. "[T]he typical Greek tended to be backward-looking, since the future appeared to him to be the domain of total uncertainty. . . . As for the philosophers, Plato thought that all progress consisted in trying to approximate to a pre-existing model in the timeless world of transcendental forms and Aristotle believed that it was the realization of a form which was already present potentially. Thus, for both of them the theory of forms excluded all possibility of evolution." Whitrow, *Time in History*, 46.

12. See Jane Gleeson-White, "Mathematics, Art and God: The Divine Proportion of Luca Pacioli with Drawings by Leonardo da Vinci," *Bookish Girl* (blog), Feb. 15, 2012, https://perma.cc/KW8M-YANT.

13. This is my lousy translation of "La docte Antiquité dans toute sa durée: A l'égal de nos jours ne fut point éclairée." At least it rhymes. The full poem is here: M. Perrault, *Le siècle de Louis le Grand* (Paris: chez Jean-Baptiste Coignard, 1687), https://perma.cc/V8RJ-2KLB. (It was read to the academy not by Perrault but by the abbot of Lavau.) Perrault went on to write a book about the superiority of contemporary literature to that of the ancients: *Parallèle des Anciens et des Modernes* (*The Parallel between Ancients and Moderns*).

14. Some trace the debate considerably further back. See Douglas Lane Patey, "Ancients and Moderns," in *The Cambridge History of Literary Criticism*, vol. 4, *The Eighteenth Century*, ed. H. B. Nisbet and Claude Rawson (Cambridge: Cambridge University Press, 2005).

15. James Henry Monk, *The Life of Richard Bentley* (London: C. J. G. and F. Rivington, 1830), 1:45, https://perma.cc/N5MN-JMZ6.

16. Richard N. Ramsey, "Swift's Strategy in *The Battle of the Books*," *Papers on Language and Literature* 20, no. 4 (Fall 1984): 382–389, 384.

17. Monk, *Life of Richard Bentley*, 48.

18. The full title: "A Full and True Account of the Battel Fought Last Friday, between the Antient and the Modern Books in St. James's Library," in *A Tale of a Tub, to Which Is Added "The Battle of the Books" and "The Mechanical Operation of the Spirit,"* ed. A. C. Guthkelch and D. Nichol Smith (Oxford: Clarendon, 1920), https://perma.cc/4TCC-SNPS.

19. Ramsey, "Swift's Strategy," 382.

20. David Gordon, ed., *The Turgot Collection* (Auburn, AL: Ludwig von Mises Institute, 2011), 339. The book is openly available thanks to the Mises Foundation: https://perma.cc/858Q-2WV7.

21. Ibid., 340.

22. Regarding the telegraph, see Tom Standage, *The Victorian Internet* (Lon-

don: Bloomsbury, 1998).

23. In 1974, Robert Multhauf wrote an article for that same journal that suggests both that *The History of Technology* was perhaps not quite as pivotal in the development of the field and that the discipline was only then, almost twenty years later, coming into its own. Multhauf says that the "literature of the history of technology" goes "back at least to Polydore Vergil's *De rerem inventoribus* of 1499" (1), acknowledging that this is not exactly what we mean by a history of technology since it covers things like rites of the church and adultery. Johann Beckman at Gottingen University wrote a book called *History of Inventions*, published in 1805, but "did not actually write a history of technology as such" (1). One of his students, J. H. M. von Poppe, published a book called *History of Technology* in 1811. "Poppe's book remained almost unique for a century and a half, during which nearly everyone forgot that it existed." Multhauf adds, "It was simply a retrospective book on technology," lacking the contextualization we want in a modern history (1–2). Robert P. Multhauf, "Some Observations on the State of the History of Technology," *Technology and Culture*, Jan. 1974, 1–12. Also, here's a fun fact about Louis Figuier's 1870 history of technology: it was not translated into English, but his book on the "science" of the afterlife was. In it he claims that once we are done with our cycle of reincarnation, our soul goes to live on the sun, where we emanate rays of sunlight. He apparently meant this quite literally. Louis Figuier, *Les grandes inventions anciennes et modernes dans les sciences, l'industrie et les arts* (Paris: Hachette, 1870); Louis Figuier, *The Tomorrow of Death*, trans. S. R. Crocker (Boston: Roberts Brothers, 1872), 169 (chapter summary).

24. The history of the history of technology is far more complex than I'm letting on. For example, any such history should at least mention Lewis Mumford's influential 1934 book *Technics and Civilization*, in which he argues against thinking that inventions are responsible for the big turns in history: clocks did not impose a new, more rigorous sense of time on us, and the steam engine did not lead to us becoming machinelike cogs in the economy; we instead have to ask why we were ready to invent and be molded by these tools. Lewis Mumford, *Technics and Civilization* (San Diego: Harcourt Brace, 1934). Mumford was one of the contributors to the issue of *Technology and Culture* devoted to *A History of Technology*; he strongly criticized that work for not looking at the context and cultural meaning of the tools. Lewis Mumford, "Tools and the Man," review of *A History of Technology*, by Charles Singer, E. J. Holmyard, A. R. Hall, and Trevor I. Williams, *Technology and Culture* 1, no. 4 (Autumn 1960): 320–334. In the *New Yorker* that same year, Mumford criticized the volumes as perpetuating our "over-commitment to technology," as if it is "the source of a new kind of life, independent of human purposes." Lewis Mumford, "From Erewhon to Nowhere," *New Yorker*, Oct. 8, 1960, 180–197.

25. Samuel Smiles, *The Lives of the Engineers* (London: Murray, 1865), 4:4.

26. Ibid.

27. Lawrence Lessig, *The Future of Ideas* (New York: Random House, 2001), 30, http://www.the-future-of-ideas.com. See also Lauren Young, "The Battle over Net Neutrality Started with the 1920s-Era 'Hush-a-Phone,'" Atlas Obscura, Aug. 16, 2016, https://perma.cc/YY8K-VV5X.

28. Lessig is superb on (among many other things) the forces that shape the openness of systems. See Lawrence Lessig, *The Future of Ideas* (New York: Random House, 2001), available openly at http://www. the-future-or-ideas.com. (Lessig is a founder of Creative Commons, so of course he made the book openly available online.) p. 30.

29. Jonathan Zittrain, *The Future of the Internet, and How to Stop It* (New Haven: Yale University Press, 2008). Zittrain is the faculty director of Harvard's Berkman Klein Center for Internet & Society where I am a senior researcher.

30. Allenby and Sarewitz, *The Techno-Human Condition*.

31. Thomas Kuhn, "The Road since *Structure*," 1990 presidential address to the Philosophy of Science Association, in *The Road since Structure: Philosophical Essays, 1970–1993, with an Autobiographical Interview*, ed. James Conant and John Haugeland, 90–104 (Chicago: University of Chicago Press, 2002), 96.

32. Giovanni Lanzani, "A Brief History about the Pendulum," *EP Magazine*, Aug. 1, 2006, https://perma.cc/3K2L-YD5Q.

33. "I learnt that about four hundred years previously, the state of mechanical knowledge was far beyond our own, and was advancing with prodigious rapidity, until one of the most learned professors of hypothetics wrote an extraordinary book . . . proving that the machines were ultimately destined to supplant the race of man. . . . So convincing was his reasoning, or unreasoning, to this effect, that he carried the country with him; and they made a clean sweep of all machinery that had not been in use for more than two hundred and seventy-one years . . . and strictly forbade all further improvements and inventions." Samuel Butler, *Erewhon*, 2nd ed. (n.p.: A. C. Fifield, 1910), https://perma.cc/L2JR-6YQQ.

34. Mark Wilson, "AI Is Inventing Languages Humans Can't Understand. Should We Stop It?," *Fast Company*, July 14, 2017, https://perma.cc/LS5L-85Q7.

35. See my liveblogging of Antonio Torralba's take at a Google PAIR event, Sept. 26, 2017: "[liveblog][PAIR] Antonio Torralba on Machine Vision, Human Vision," *Joho the Blog*, Sept. 26, 2017, https://perma.cc/E9HB-DQQH.

36. Brett Frischmann and Evan Selinger argue cogently against the open-endedness implied by my characterization of the human-technology relationship as "play." They maintain that we are on a genuine slippery slope that leads us to cede too much of our autonomy to technology. *Re-engineering Humanity* (Cambridge: Cambridge University Press, 2018). They may turn out to be right; it would not be the first time I've been wrong.

37. Lynn White Jr., *Medieval Technology and Social Change* (Oxford: Oxford University Press, 1962), 38.

注释

38. Because White saw the stirrup as simply a catalyst, not as a cause with an inevitable effect, he's arguably not as technodeterminist as it might seem. On the other hand, he is sometimes used as the very model of a technodeterminist historian. For example, see Matthew Fuller, "The Forbidden Pleasures of Media Determining," in *Media after Kittler*, ed. Eleni Ikoniadou and Scott Wilson, 95–110 (London: Rowan & Littlefield, 2015), 96.

39. Nicholas Carr, *The Shallows* (New York: Atlantic Books, 2011).

40. Sherry Turkle, *Alone Together* (New York: Basic Books, 2011).

41. Larissa MacFarquhar, "The Mind-Expanding Ideas of Andy Clark," *New Yorker*, Apr. 2, 2018, https://perma.cc/MW93-6HUN.

42. Plato, *Phaedrus* 274c–275b.

43. Martin Heidegger says this most famously about technology in "The Question Concerning Technology." His work on what he calls the Fourfold makes a similar claim. The French philosopher Bernard Stiegler's three-volume work *Technics and Time* investigates the way we and things form each other. Other people to explore include Bruno Latour on the role of scientific instrumentation and institutional processes in scientific thinking, and Don Ihde on the phenomenology of technology.

## 第七章

1. For a good discussion of the two big complications of this idea—chaos and entropy—see Cesar Hildalgo, *Why Information Grows* (New York: Basic Books, 2015).

2. Chris Anderson, "The End of Theory: The Data Deluge Makes the Scientific Method Obsolete," *Wired*, June 23, 2008, https://perma.cc/5PX9-ZMY9.

3. Massimo Pigliucci, "The End of Theory in Science?," *EMBO Reports* 10, no. 6 (June 2009): 534, https://perma.cc/7BQE-TT79.

4. Tony Hey, Stewart Tansley, and Kristin Tolle, eds., *The Fourth Paradigm: Data-Intensive Scientific Discovery* (Redmond, WA: Microsoft Research, 2009).

5. Richard Thaler and Cass Sunstein, *Nudge* (New Haven, CT: Yale University Press, 2008), 1–3.

6. Ibid., 3.

7. Ibid.

8. Vance Packard, *The Hidden Persuaders* (Philadelphia: David McKay, 1957), 61–62.

9. Surprisingly, letters were indeed purposefully added to the scene, but they spell out not "SEX" but "SFX," a shout-out to the special effects folks. See Bill Bradley, "Finally, the Truth about Disney's 'Hidden Sexual Messages' Revealed," Huffington Post, Jan. 14, 2015, https://perma.cc/R3N9-WA7Z.

10. Packard, *Hidden Persuaders*, 75, 84, 86, 100, 63.

11. Thaler and Sunstein, *Nudge*, 7.

12. Wikipedia, s.v. "I'm Just a Bill," last modified Sept. 8, 2018, https://perma

cc/86QJ-KDE3.

13. For example, *Saturday Night Live*'s 2014 "How a Bill Does Not Become a Law," YouTube video, 3:30, posted Nov. 23, 2014, https://perma.cc/2S7M-MVM3.

14. John Hagel III, John Seely Brown, and Lang Davison, *The Power of Pull* (New York: Basic Books, 2010).

15. Douglas Rushkoff, *Present Shock* (New York: Current, 2013).

16. I moderated a book talk he gave at Harvard, and we talked about these two interpretations of the rise of long-form narratives. David Weinberger, "Present Shock: When Everything Happens Now—Douglas Rushkoff, author of *Present Shock*, in Conversation with David Weinberger," Harvard Law School, June 18, 2013, https://perma.cc/9N8Y-TD2Y.

17. Steven Johnson, *Everything Bad Is Good for You* (New York: Riverhead Books, 2005), 131–135.

18. Bernard Stiegler, *Technics and Time*, vol. 2, *Disorientation* (Stanford, CA: Stanford University Press, 2009), 1.

19. See Jenny Crusie, "Rules for Golden Age Mystery Writing: Thank God It's Not 1928 Anymore," *Argh Ink* (blog), Jan. 8, 2016, https://perma.cc/G4CA-PSKQ.

20. Daniel Pink, *Free Agent Nation* (New York: Warner Business Books, 2001); Mary L. Grey, "Your Job Is About to Get 'Taskified,'" *Los Angeles Times*, Jan. 8, 2016, https://perma.cc/DM9X-C9F6.

21. Philippa Foot, "The Problem of Abortion and the Doctrine of the Double Effect," *Oxford Review*, no. 5 (1967): 1–7, https://perma.cc/GT2D-GVFN.

22. For a look at the shift in what the Trolley Problem means to us, see Ian Bogost, "Enough with the Trolley Problem," *Atlantic*, Mar. 30, 2018, https://perma.cc/YX3C-ZZGQ.

23. Asimov eventually added a "zeroth" law—"A robot may not harm humanity, or, by inaction, allow humanity to come to harm"—to cover some of the problematic cases that his short stories uncovered.

24. Among many others, see Frank Pasquale, *The Black Box Society* (Cambridge, MA: Harvard University Press, 2015); and Kate Crawford, "Artificial Intelligence's White Guy Problem," *New York Times*, June 25, 2016, https://perma.cc/WJ4Q-Q2R3. Also see Cathy O'Neil, *Weapons of Math Destruction* (New York: Crown, 2016).

25. Moritz Hardt, "Equality of Opportunity in Machine Learning," *Google AI Blog*, Oct. 7, 2016, https://perma.cc/6L8P-USQZ.

26. Arvind Narayanan, "FAT* 2018 Translation Tutorial: 21 Definitions of Fairness and Their Politics" (paper presented at the Conference on Fairness, Accountability, and Transparency [FAT*], New York University, New York, Feb. 23–24, 2018), https://perma.cc/8NLE-XKVU.

27. J. L. Austin, *Sense and Sensibilia* (London: Oxford University Press, 1962). Also see J. L. Austin, "A Plea for Excuses," *Proceedings of the Aristotelian Society*, n.s., 57 (1956–1957): 1–30, https://perma.cc/6QHH-J5E9. I wrote

about this many years ago when I was an assistant professor of philosophy: "Austin's Flying Arrow: A Missing Metaphysics of Language and World," *Man and World* 17, no. 2 (1984): 175–195.

28. G. E. M. Anscombe, "Modern Moral Philosophy," *Philosophy* 3, no. 124 (Jan. 1958): 1–19, https://perma.cc/CJQ7-F58C.

29. To pick just one work of note because of its particular relevance to technology, Shannon Vallor, a professor of philosophy at Santa Clara University, has written an excellent book on virtue ethics: *Technology and the Virtues: A Philosophical Guide to a Future Worth Wanting* (Oxford: Oxford University Press, 2016).

30. Alexander Mordvintsev, Christopher Olah, and Mike Tyka, "Inceptionism: Going Deeper into Neural Networks," *Google Research Blog*, June 17, 2015, https://perma.cc/RU2C-58DH.

31. The effect of the connected digital realm on how we think about order and meaning is the topic of my book *Everything Is Miscellaneous* (New York: Times Books, 2007).

32. You can see the math for this at a discussion at Stack Exchange, "Is Earth as Smooth as a Billiard Ball?," question posed on Sept. 6, 2012, https://perma.cc/PN3X-SUFH.